초등 저학년을 위한
코딩 교육
사고력 퀴즈

초등 저학년을 위한
코딩 교육
사고력 퀴즈

초판 1쇄 발행 2016년 11월 24일
초판 2쇄 발행 2018년 6월 20일

지은이 이현 | **그린이** 양송이
발행인 양원석 | **편집장** 전혜원 | **책임편집** 이희자 | **디자인** RHK 디자인연구소 김영중
마케팅 최창규, 김용환, 정주호, 양정길, 신우섭, 이은혜, 유가형, 임도진, 김양석, 우정아, 정문희, 김유정
해외저작권 황지현 | **제작** 문태일
펴낸곳 (주)알에이치코리아 | **주소** 08588 서울시 금천구 가산디지털2로 53, 20층(한라시그마밸리)
전화 02-6443-8923(내용), 02-6443-8838(구입), 02-6443-8960(팩스)
등록 2004년 1월 15일 제2-3726호

ⓒ 이현·양송이, 2016
ISBN 978-89-255-6051-9 (73300)

어린이제품 안전특별법 표시 사항
제품명 도서 | **제조자명** (주)알에이치코리아 | **제조국명** 대한민국 | **전화번호** 02)6443-8800
주소 서울시 금천구 가산디지털2로 53, 20층(한라시그마밸리)

※ 값은 뒤표지에 있습니다.
※ 잘못된 책은 구입하신 곳에서 바꾸어 드립니다.
※ 맞춤법과 띄어쓰기와 외래어 표기는 국립국어원의 기준에 따랐습니다.
⚠ 책 모서리가 날카로워 다칠 수 있으니 사람을 향해 던지거나 떨어뜨리지 마십시오.

알에이치코리아 홈페이지와 블로그, SNS로 들어오시면 자사 도서에 대한 더 많은 정보와 이벤트 혜택을 확인하실 수 있으며,
E-book몰에서는 전자북으로도 만나볼 수 있습니다.
E-book몰(RHK북스) http://ebook.rhk.co.kr | 페이스북 http://www.facebook.com/rhk.co.kr | 블로그 http://www.randomhouse1.blog.me
유튜브 http://www.youtube.com/randomhousekorea | 주니어RHK 포스트 https://post.naver.com/junior_rhk | 인스타그램 @junior_rhk

초등 저학년을 위한

코딩 교육
사고력 퀴즈

이현 글·양송이 그림

주니어 RHK

머리말

코딩 교육에는 사고력이 필요하다, 퀴즈로 쉽고 재미있게 키워 보자!

2015년 개정 교육 과정에서 2018년부터는 전국의 초·중·고등학교에서 코딩 교육을 전면적으로 실시한다고 합니다.

코드닷오알지 홍보 영상 이미지

애플의 창업자이자, 세계적으로 존경 받는 IT 기업인이었던 스티브 잡스는 "모든 사람은 컴퓨터 프로그래밍을 배워야 한다. 프로그래밍은 생각하는 방법을 가르쳐 주기 때문이다."라고 말했고, 마이크로소프트 사의 빌 게이츠도 열세 살 때 프로그램 만드는 것을 처음 배웠다면서 어릴 때의 프로그래밍을 권했으며, 버락 오바마 미국 대통령 또한 "게임을 내려받는 것에 그치지 말고 직접 프로그래밍해 보십시오."라고 제안했습니다.

'코딩 교육? 프로그래밍? 너무 어려운 거 아냐? 왜 그런 어렵고 복잡한 것을 초등학교 애들한테까지 가르치려고 하지? 미국 같은 나라나 가능하지, 우리나라에서 무슨 그런 교육을 한다고 난리람!' 하는 불만과 의문이 절로 생깁니다.

우리는 아주 일상적으로 인터넷 검색을 해서 필요한 정보를 쉽게 찾아보지요. 또 화상 통화로 미국에 있는 친척과 얼마든지 대화를 나누며, 스마트폰으로 간편하게 쇼핑을 합니다. 이러한 일은 어린이들도 마찬가지로 하고 있습니다. 장난감 만드는 방법을 알고 싶으면 유튜브로 시청하고, 새로운 과자에 대한 정보를 알고 싶으면 인터넷으로 검색하지요. 요즘의 아이들은 스마트폰이나 태블릿

등으로 동영상을 보고 검색을 하는 데 익숙합니다.

　이런 디지털 시대에 코딩 교육이 우리에게 필요한 이유는, 디지털 시대를 살아가기 위해 필요한 기술이 바로 프로그래밍이고, 코딩이 프로그래밍의 기본이 되기 때문입니다. 코딩 교육은 이미 전 세계적으로 자리 잡은 교육의 큰 방향으로 아이들이 앞으로 현대 사회에서 꿈을 펼치기 위해 꼭 필요하지요.

프로그래밍? 코딩?

　어떤 일이든 척척 해결하는 컴퓨터는 프로그램을 수행해서 결과를 냅니다. 컴퓨터 프로그램을 수행하는 절차를 적어 둔 명령어 모음을 '코드'라고 하고, 이 코드를 입력하는 행위를 '코딩'이라고 합니다. 요즘은 프로그램을 구상하고 문제 해결을 위한 절차와 과정인 알고리즘을 작성하는 것까지를 포함하는 폭넓은 의미로 '코딩'이라는 말을 쓰기도 합니다.

　코딩 교육은 프로그래밍을 배우는 것입니다. 알고리즘을 구상하는 것이 프로그래밍의 기초 단계이고, 알고리즘을 구상하기 위해서는 무엇보다 컴퓨팅 사고력이 있어야 합니다.

초등학생의 코딩 교육

　초등학교 과정에서의 코딩 교육은 프로그램을 만든다는 개념보다 알고리즘의 원리를 배우는 과정입니다. 다양한 문제를 효율적으로 해결하는 컴퓨팅 사고력을 기르고, 함께 의사소통하고, 협업하는 과정에서 공동체 의식을 키우는 것이 목표이지요. 따라서 초등학생의 코딩 교육을 위해 필요한 컴퓨팅 사고력을 키우는 게 중요합니다.

　그렇다면 좀 더 쉽고, 친근하면서도, 재미있는 접근 방식인 퀴즈를 풀면서 코딩 교육을 위한 사고력을 키워 보는 건 어떨까요?

■ 이 책의 사용 방법

코딩 교육을 위한 사고력 퀴즈

이 책에서는 추상화 사고력, 절차적 사고력, 논리적 사고력, 창의적 사고력, 문제 해결 알고리즘이라는 각 유형에 따라 사고력 퀴즈를 나누어 다루고 있습니다. 하지만 사실 어떤 문제를 해결하려면 이러한 사고력을 따로따로 쓰는 게 아니라, 적절히 융합해서 궁리해야 하지요. 따라서 각 퀴즈마다 해결의 열쇠가 되는 사고력이 무엇이냐에 초점을 맞추어 구성했습니다. 이를테면 추상화 사고력 퀴즈에서는 문제를 단순화해서 바라보면 해답이 더 눈에 잘 띄는 퀴즈 위주로, 창의적 사고력 퀴즈에서는 좀 더 다른 관점에서 기발한 방법을 유추해 내야 풀기 쉬운 퀴즈 위주입니다.

처음의 세 문제는 퀴즈가 나온 뒤에 바로 정답이 제시됩니다. 이 부분을 편안하게 읽으면 '난데없는 코딩 교육용 사고력 퀴즈는 뭐고, 대체 어떻게 풀어야 하지?'라는 불안함과 두려움을 싹 날려 줄 거예요. 바로 "아! 이런 거였어? 문제없어!"라고 말하면서 퀴즈에 대한 자신감이 팍팍 붙은 상태에서 다음 퀴즈에 도전할 수 있도록이요.

주어진 실마리로 문제의 핵심을 파악하고 각각의 퀴즈에 도전해 보세요!

추상화 사고력 퀴즈

복잡한 것의 핵심만을 간단하게 나타내는 것이 '추상화'예요. 프로그래밍에서는 주어진 문제나 시스템의 중요한 부분만 분리해 내어 간결하고 이해하기 쉽게 만드는 작업이에요. 대상을 떼어 내어 비교하거나, 문제를 분해해서 각각 해결하거나, 단순하게 패턴화해서 간단하게 이해하거나, 여러 가지의 공통된 핵심 주제를 생각해 봐야만 풀 수 있는 퀴즈가 들어 있어요.

절차적 사고력 퀴즈

컴퓨터 프로그램은 정해진 차례대로 진행돼요. 따라서 일정한 차례로 실행해야만 문제가 해결되지요. 미로 찾기나, 주어진 규칙을 따라가야 하거나, 문제에서 이야기하는 순서에 주의하면서 풀어야 하는 퀴즈를 모았어요.

논리적 사고력 퀴즈

논리적 규칙과 형식에 따라 생각하는 것인데, 문제의 인과 관계 및 앞으로 생길 문제점들을 파악하여 해결하는 거예요. 연역법과 귀납법이라는 추론 방법을 활용할 수 있어요. 명령어에 따른 순차적인 해결책을 만드는 프로그래밍할 때의 기본적인 사고방식이지요. 문제의 인과 관계나, 추론의 오류를 생각하며 풀어 봐야 하는 것을 다루었어요.

창의적 사고력 퀴즈

기발하고, 독특한 자신만의 방법으로 일을 해결하는 것을 창의적으로 생각해서 문제를 해결했다고 해요. 창의적인 프로그래밍은 기존에 가지고 있는 일반적인 방식이 아니라, 새로운 연결 고리와 명령어로 알고리즘을 구상해 문제를 해결해요. 주어진 문제나 현상만 보는 것이 아니라, 같은 숫자나 문제이더라도 다르게 생각해 볼 필요가 있는 퀴즈를 담았어요.

문제 해결 알고리즘 퀴즈

'알고리즘'은 '문제 해결을 위한 절차와 과정'이에요. 컴퓨터 알고리즘은 데이터를 처리하는 전산 명령 체제이지요. 이때 자료를 찾는 방법인 '탐색'이나 규칙에 따라 정리하는 '정렬' 등의 방법을 쓰기도 해요. 다양한 방법으로 문제를 해결해 보세요.

부록

각각의 퀴즈에서 생각만으로는 영 정답을 모를 때가 있어요. 하지만 생각을 직접 표현해서 설계해 보면 문제가 훨씬 쉽게 풀려요. 예를 들어 미로는 연필로 직접 미로를 따라가 보면 길이 보이고, 조각 난 도형을 실제로 잘라서 합쳐 보면 바로 정답을 알 수 있지요. 직접적인 체험 활동을 해서 문제 해결을 할 수 있는 종류의 퀴즈는 부록에 실었어요. 직접 자르고, 친구들과 함께 즐기면서 활동하면 더 자유롭고 창의적인 사고력을 키울 수 있을 거예요.

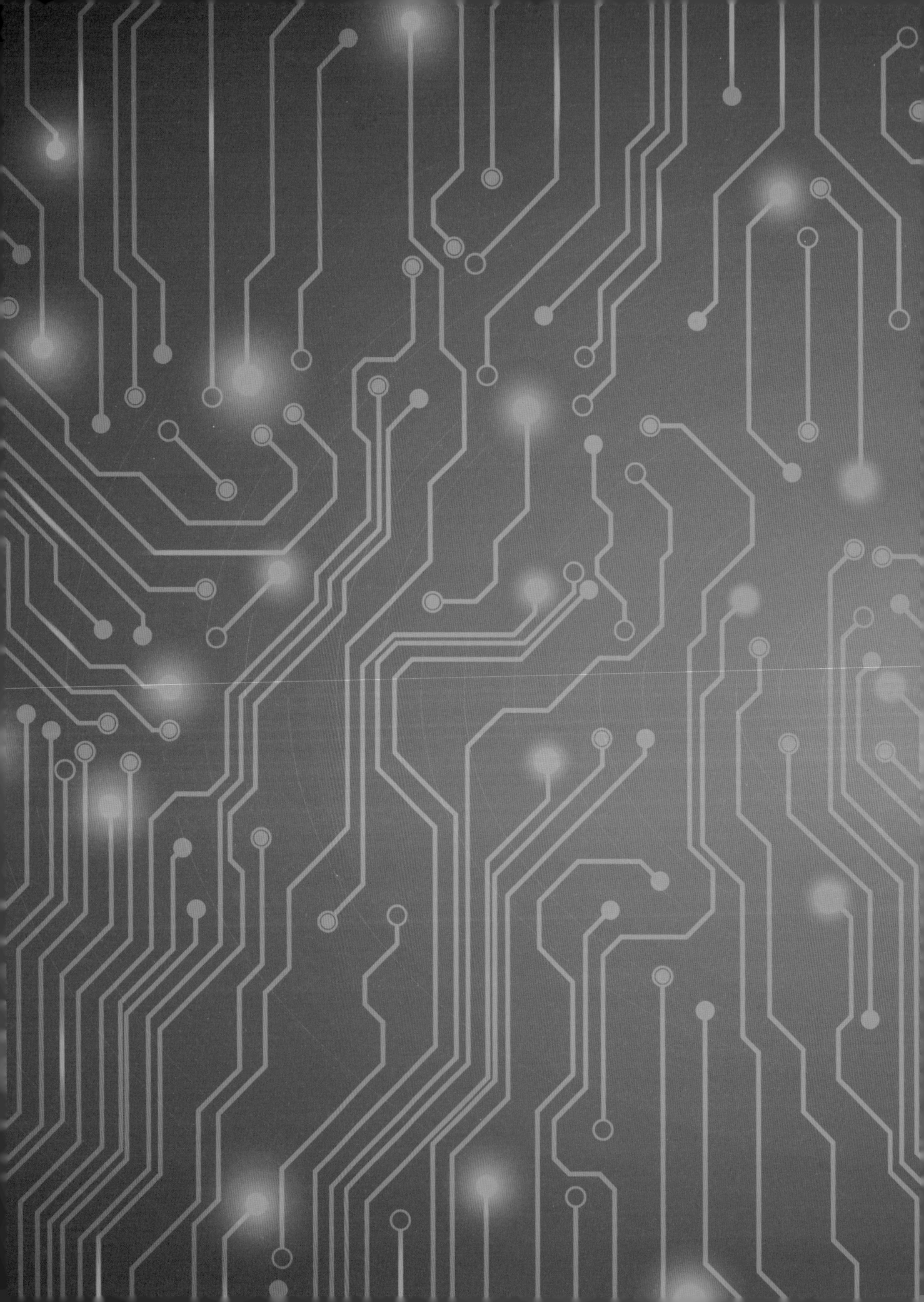

차례

머리말 4

**코딩 교육에는 사고력이 필요하다,
퀴즈로 쉽고 재미있게 키워 보자!**

이 책의 사용 방법 6

코딩 교육을 위한 사고력 퀴즈

1. 추상화 사고력 퀴즈 10
2. 절차적 사고력 퀴즈 28
3. 논리적 사고력 퀴즈 42
4. 창의적 사고력 퀴즈 56
5. 문제 해결 알고리즘 퀴즈 70

정답 및 해설 84

부록 101

추상화 사고력 퀴즈

1장

복잡한 것의 핵심만을 간단하게
나타내는 것이 추상화예요.
대상을 떼어 내어 비교하거나,
문제를 분해해서 각각 해결하거나,
단순하게 패턴화해서 간단하게 이해하거나,
여러 가지의 공통된 핵심 주제를 생각해 봐야만
풀 수 있는 퀴즈를 모았어요.

연습 1 두 그림을 비교해 보고 서로 다른 곳을 다섯 군데 찾아보세요.

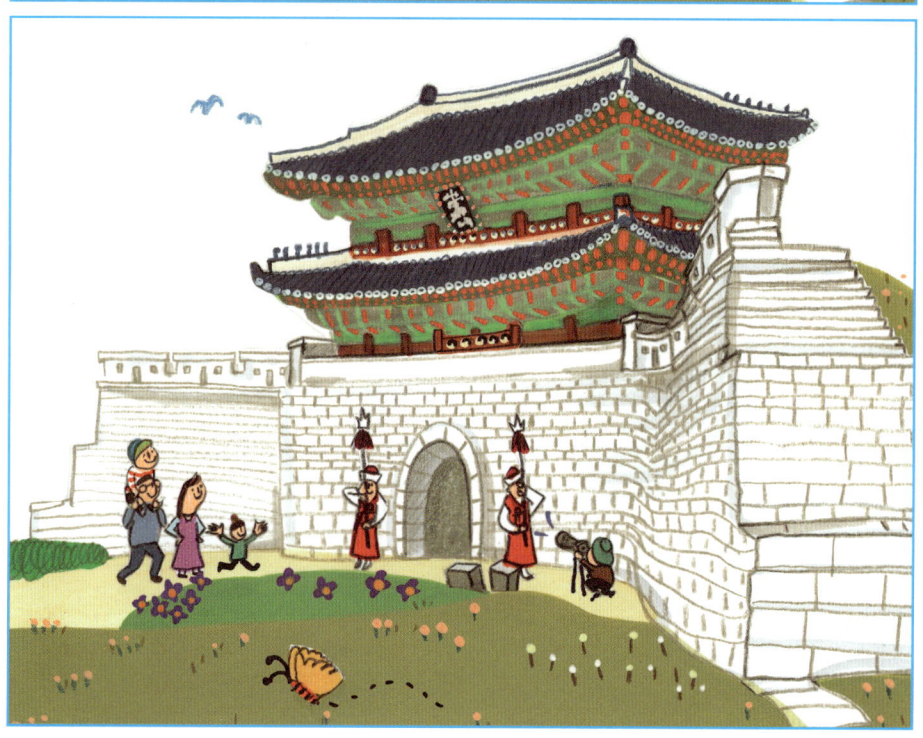

답 다른 곳을 찾는 것은 똑같아 보이는 두 그림을 비교해서 서로 다른 것을 걸러 내는 거예요. 따라서 자료나 문제를 분해해서 비교하고 찾아봐야 해요.

연습 2 다음 정사각형의 빈 공간을 삼각형과 사각형으로 빈틈없이 채워 보세요. 또 이 빈칸을 채울 수 있는 다른 도형으로는 어떤 것이 있는지 찾아보세요.

답

첫 번째는 정사각형으로 정사각형을 가득 채운 모습이에요. 두 번째는 정삼각형으로 정사각형을 가득 채운 것이고요, 세 번째는 다각형으로 정사각형을 채운 거지요. 이것 말고도 여러 가지 모양으로 빈 공간을 채울 수 있습니다. 정사각형만이 아니라 직사각형도 가능하고, 이등변삼각형으로도 사각형을 빈틈없이 채울 수 있지요.

이 문제는 보통 타일링(tiling) 혹은 테셀레이션(tessellation)이라고 하는 것에 기초합니다. 정삼각형, 정사각형, 정육각형과 같이 똑같은 모양의 도형을 이용해 어떠한 빈틈이나 겹침도 없이 공간을 가득 채우는 것이지요. 테셀레이션은 4를 뜻하는 그리스 어 '테세레스(tesseres)'에서 유래한 용어로, 정사각형을 붙여 만드는 과정에서 생겼어요. 이를 우리말로 옮긴 것이 '쪽매붙임' 혹은 '쪽매맞춤'인데, 쪽매는 얇은 나무쪽을 모아서 여러 가지 모양으로 만든 물건을 가리키고, 여러 조각의 쪽매를 바탕이 되는 널에 붙이는 것이 쪽매붙임 혹은 쪽매맞춤입니다. 따라서 재료를 나무에 한정하지 않는 테셀레이션과는 엄밀한 의미에서 구분되지요.

테셀레이션이 미술 장르로 정착된 것은 20세기 일이지만, 실제로 미술, 건축 등에

▲ 창덕궁 인정전 문살 문양

▲ 보도 블록

쓰인 것은 훨씬 오래전인 기원전부터입니다. 이집트, 페르시아, 그리스, 로마 등 서양은 물론, 중국, 일본 등의 각종 장식 예술품에도 테셀레이션을 이용한 문양이 발견되지요. 이슬람의 융단, 퀼트, 옷, 깔개, 타일, 아라베스크와 우리나라의 사각형 문살 문양 같은 것이 대표적인 테셀레이션 문양이에요. 길거리의 보도 블록, 집 안에서 볼 수 있는 욕실의 타일, 조각보 등도 테셀레이션을 이용한 거랍니다.

테셀레이션을 이용한 가장 대표적인 건축물로는 에스파냐 그라나다에 있는 이슬람식 알람브라 궁전이 꼽혀요. 대리석과 타일로 장식된 아름다운 방과 아라베스크 무늬로 가득 찬 천장과 벽면이 모두 테셀레이션으로 장식되어 있답니다.

테셀레이션 미술가로는 네덜란드의 판화가 모리츠 에셔가 유명해요. 그는 알함브라 궁전의 타일 모자이크에

▲ 욕실 타일

▲ 알람브라 궁전 내부 장식

▲ 아라베스크 문양

감명을 받은 뒤 정다면체를 소재로 한 테셀레이션 작품을 비롯해 수학적 개념이 내포된 다양한 판화 작품을 만들어 테셀레이션을 미술 장르로 정착시키는 데 이바지하였습니다.

그 후 1960년대부터는 미국에서 교육 과정의 일부로 다루어지기 시작해 지금은 세계 각국의 초등학교에서 테셀레이션을 수학 교육에 응용하고 있지요. 테셀레이션의 기본인 정삼각형, 정사각형, 정육각형을 이용해 옮기기, 돌리기, 뒤집기 등을 하면서 자연스럽게 수학적 사고력과 창의력을 기를 수 있기 때문입니다.

▲ 칠교 놀이 조각

연습 3 다음 네 인물과 설명에 공통으로 관련된 것은 무엇일까요?

① 아프로디테

아프로디테의 질투가 트로이 전쟁의 원인이 되다.

② 아이작 뉴턴

자연 현상 속에서 만유인력을 발견하다.

③ 빌헬름 텔

오스트리아 통치에서 스위스를 위해 활을 들다.

④ 스티브 잡스

맥킨토시 컴퓨터와 아이팟, 아이폰을 만들다.

답 이 문제는 지식을 쌓고 생각해 보는 전형적인 방법을 보여 줍니다. 이 퀴즈의 정답은 '사과'입니다. 답은 아주 간단하지만 이 정답을 찾아내려면 다양한 배경지식이 필요합니다. 우선 아프로디테, 아이작 뉴턴, 빌헬름 텔, 스티브 잡스에 대해 알아봐야겠지요?

먼저 아프로디테부터 살펴보면 이렇습니다. 펠레우스와 바다 요정 테티스의 결혼식에 초대받지 못한 불화의 여신 에리스가 분란을 일으키기 위해 '가장 아름다운 여신에게!'라고 적힌 황금 사과를 던지지요. 이에 헤라, 아프로디테, 아테나는 서로 자신이 사과의 주인이라고 주장하며 싸우고, 사과의 주인을 가리기 위해 세 여신은 트로이 왕자 파리스에게 판결을 요청합니다. 이때 아테나는 자신을 고르면 '전쟁에서 이기는 무적의 힘'을 약속했고, 헤라는 '소아시아의 통치권'을, 아프로디테는 '자신만큼 아름다운 여인'을 약속합니다. 파리스가 황금 사과를 아프로디테에게 던지면서 아름다운 여인 헬레네를 아내로 맞게 되지만 그것이 트로이 전쟁의 원인이 되지요. 결국 트로이 전쟁은 사과 때문에 벌어진 것이라 하겠습니다.

다음으로 아이작 뉴턴에 대해 살펴볼까요? 아이작 뉴턴은 수학에서 미적분법을 창시하고, 물리학에서 고전 역학의 체계를 만들었어요. 오래도록 역학 문제에 골몰하고 있던 뉴턴은 그 실마리를 찾지 못하다가 사과나무에서 사과가 떨어지는 것을 우연히 보고 '중력'의 개념을 떠올리지요. 지구의 중력이 달의 궤도에까지 영향을 미친다는 생각을 발전시켜 '만유인력의 법칙'을 발표합니다. 그러므로 곧 뉴턴의 '만유인력의 법칙'은 사과나무에서 중력의 영향으로 떨어진 사과에서 비롯되었다고 할 수 있죠.

다음으로 빌헬름 텔에 대해 알아봅시다. 〈빌헬름 텔〉은 1804년 바이마르에서 프리드리히 실러가 처음 공연한 5막짜리 희곡이에요. 스위스 인 바움가르텐은 자신의 아내를 범하려 했던 합스부르크가의 성주를 죽이고 도망치는데 이때 빌헬름 텔이 나타나 그를 호수 건너편으로 건네줍니다. 이에 분노한 오스트리아는 마을을 불태우고 남아 있는 사람들을 쫓아내지요. 게다가 오스트리아의 스위스 지배는 점점 폭압적이게 되고, 그에 따라 스위스 인들의 저항도 거세지던 중에 빌헬름 텔은 저항 세력을 이끌어 달라는 부탁을 받아요. 빌헬름 텔은 승낙하지 않지만, 성주 헤르만 게슬러에게 경례를 하지 않아 체포되고, 자기 아들 머리에 얹어 놓은 사과에 화살을 쏘아 맞혀야 하는 상황에 내몰립니다. 그는 극적으로 위기를 극복하지만 두 번째 화살이 성주를 겨냥할 수 있다는 이유로 체포되면서 결국 저항 세력을 이끌게 돼요. 이렇게 빌헬름 텔이 시대 상황을 인식하게 만든 계기도 역시 사과입니다.

스티브 잡스는 스티브 워즈니악과 함께 애플을 창업한 사람이에요. 그는 고등학교를 마친 뒤 휴렛팩커드에서 인턴으로 일하면서 워즈니악을 만나 컴퓨터 클럽을 만들고 컴퓨터 사업에 뛰어들지요. 그러다 1976년 워즈니악과 동업으로 애플 컴퓨터를 설립하는데, 이 애플 컴퓨터의 로고가 먹다 남은 사과입니다. 회사 이름도 사과에서 따와 '애플'이라고 지은 거지요.

 이렇게 네 인물과 관련된 사실을 알아보니, 모두 사과와 관련 있다는 걸 알 수 있습니다. 이러한 관련성을 간단한 마인드맵으로 만들면 다음과 같습니다.

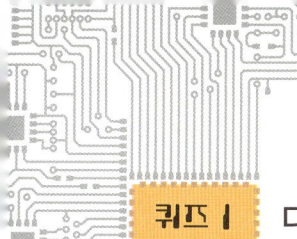

퀴즈 1 다음에 제시되어 있는 네 가지와 공통으로 관련된 것은 무엇일까요?

❶ C

❷

❸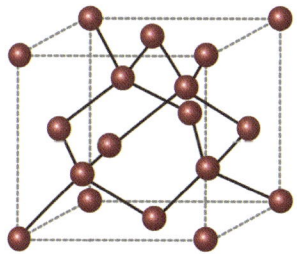

❹ 4월

추상화 사고력 퀴즈

퀴즈 2 다음 그림에서 왼쪽의 대각선 a와 오른쪽의 대각선 b 중 길이가 더 긴 선은 어느 쪽일까요?

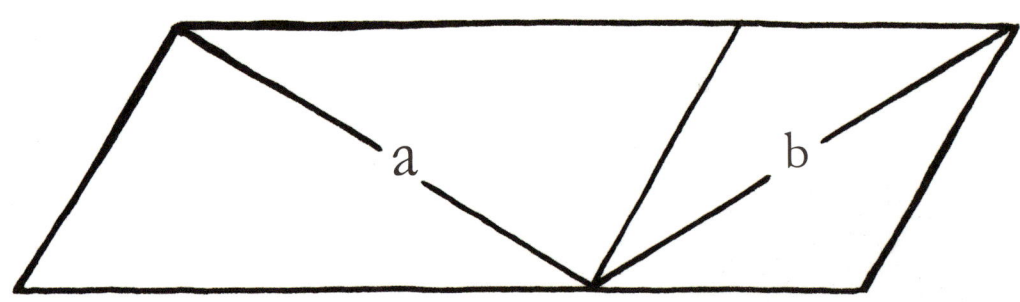

퀴즈 3 서로 앙숙인 토끼와 거북은 자신의 자동차가 더 빠르다며 다투었어요. 이를 보다 못한 여우의 제안으로 둘은 시합을 벌이기로 했지요. 드디어 시합 날, 토끼와 거북은 각자의 자동차를 타고 편도 2차선 도로를 같은 속도로 나란히 달렸답니다. 그런데 얼마 후, 토끼와 거북이 자동차의 속도를 바꾸지 않고 같은 속도를 유지했는데도 거북의 자동차가 토끼의 자동차보다 앞서 나갔어요.

도대체 어떻게 된 것일까요?

퀴즈 9 나무 받침대 두 개가 있습니다. 그 위에 각각 나무로 만든 납작한 모양의 흰 토끼와 검은 토끼 두 마리가 있었지요. 이때 마술사가 녹색 보자기를 씌우고 주문을 외웠더니 토끼 위치가 바뀌어 버렸어요. 왼편에 있던 흰 토끼는 오른편에 있고, 오른편에 있던 검은 토끼는 왼편에 있었습니다.

어떻게 된 일일까요?

퀴즈 5 야구 방망이가 세 개 있습니다. 이 세 개의 야구 방망이로 의자를 만들려고 합니다. 어떻게 하면 될까요?

퀴즈 6 조이와 쫑과 메리와 끔뻑이는 같은 집에 살고 있었습니다. 어느 날 조이와 쫑이 농구를 하러 나갔다가 집에 돌아와 보니 끔뻑이가 메리의 습격을 받아 죽어 있었지요. 그런데 메리는 끔뻑이를 죽였는데도 체포되지 않았고, 아무런 처벌도 받지 않았습니다.

어째서일까요? 다음 내용을 보고 가능한 답을 찾아보세요.

	메리	끔뻑이
①	고양이	금붕어
②	도둑	다른 도둑
③	아들	아기
④	불독	딸

퀴즈 1 아래의 입체 도형과 다른 입체 도형은 무엇일까요?

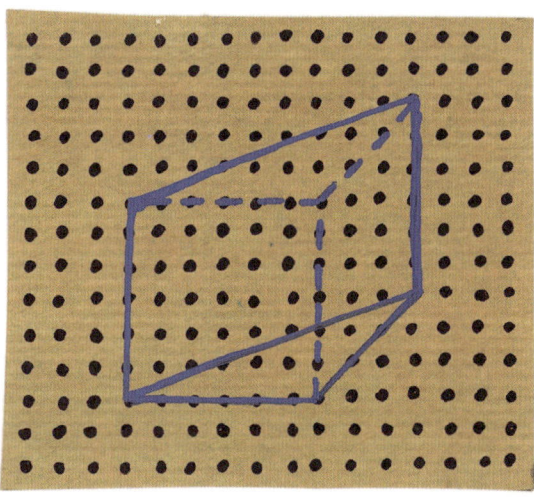

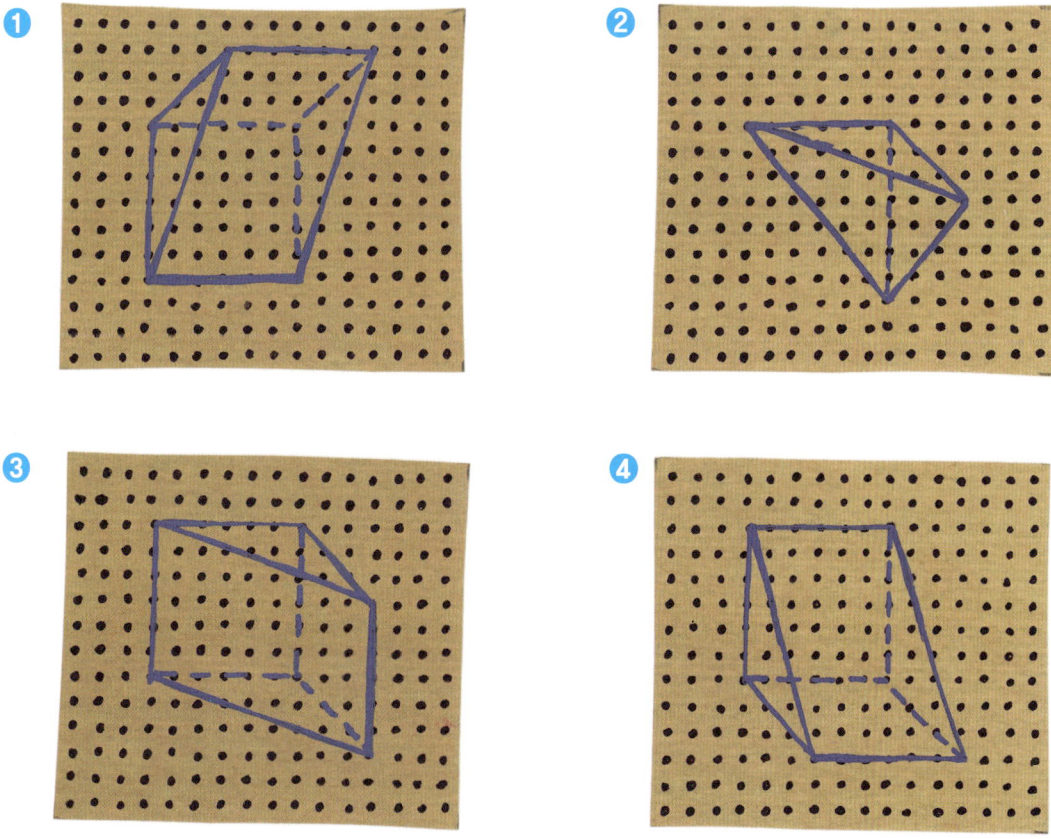

★102쪽의 부록 전개도를 활용해 보세요.

절차적 사고력 퀴즈

2장

컴퓨터 프로그램은 정해진 차례대로 진행돼요.
따라서 일정한 차례로 실행해야만
문제가 해결되지요.
미로 찾기나, 주어진 규칙을 따라가야 하거나,
문제에서 이야기하는 순서에 주의하면서
풀어야 하는 퀴즈들이에요.

연습 1 다음 미로에서 길을 찾아보세요.

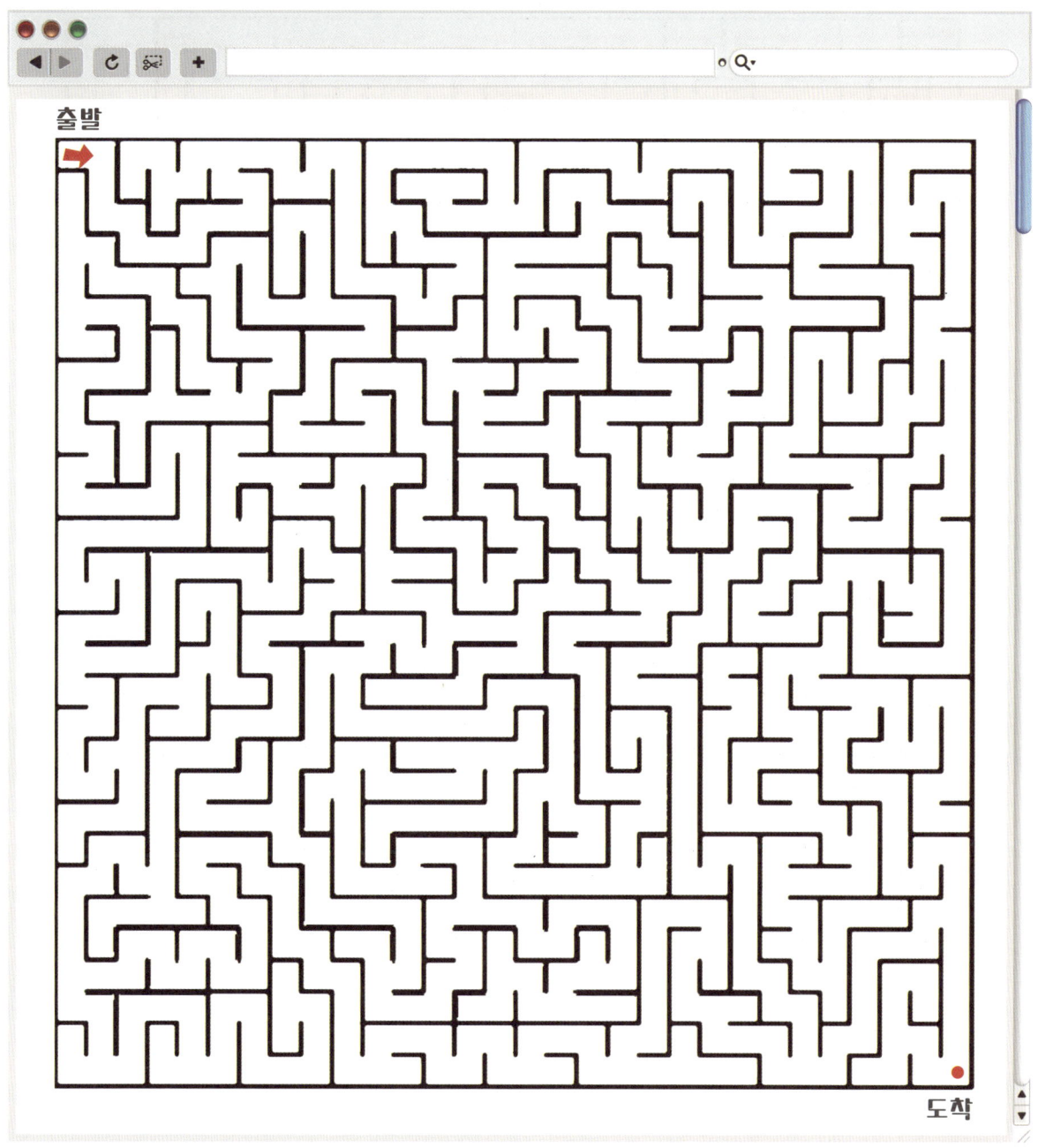

출발

도착

연습 2 기원전 2천 년경, 크레타 섬에는 황소 몸뚱이에 사람의 머리를 한 미노타우로스라는 괴물이 살았습니다. 미노스 왕은 솜씨 좋은 장인 다이달로스에게 일단 들어가면 빠져나올 수 없는 미궁을 만들라고 한 후, 미노타우로스를 가두었지요. 그러고는 해마다 일곱 명의 소년과 소녀를 제물로 바치게 했어요. 이 소식을 들은 젊은 용사들은 저마다 그 괴물을 무찌르려고 했으나, 아무도 미궁을 빠져나오지 못하고 꽃다운 목숨만 바치고 말았답니다. 그러던 중 미노스 왕의 딸, 아리아드네의 도움을 받은 그리스 영웅 테세우스가 미노타우로스를 퇴치하지요. 이때 테세우스는 출구를 알 수 없는 미궁에서 어떻게 빠져나왔을까요? 테세우스는 아리아드네가 준 실 뭉치의 끝을 자신의 옷자락에 묶고 실을 풀며 들어갔다가 다시 실을 따라 나왔다고 합니다. 그런데 만약 중간에 실이 끊어졌다면 어떨까요?

아무런 도구도 사용하지 않고 테세우스가 미궁에서 빠져나올 수 있는 방법이 있을까요?

답 가장 간단한 방법은 벽을 오른손(또는 왼손)으로 만지면서 나가는 거예요. 벽에서 손을 떼지 않고 한쪽 손으로 벽을 따라가면 반드시 출구로 나올 수 있답니다.

오른쪽 그림을 보세요. 오른손을 벽에 대고 A 방향으로 미로에 들어간다고 쳐요. 그림과 같이 막힌 곳으로 가게 되더라도 계속 따라가면 결국 처음 갈림길(★표시가 된 곳)로 나오게 돼요. 그러면 한 번 시행착오를 겪었기 때문에 B 방향으로 계속 나아가겠지요? 또다시 갈림길이 나오더라도 같은 방법으로 계속 나아가면 된답니다. 이렇게 계속 나아가면 막힌 통로를 불필요하게 거치긴 하겠지만, 미로가 아무리 복잡해도 통로의 개수는 한정되어 있으므로 결국 밖으로 나올 수 있어요.

연습 3 하니 할머니 댁 우물 속에는 느림보 달팽이 한 마리가 살고 있었습니다. 달팽이는 날마다 우물 벽을 타고 기어올랐는데 낮에는 4미터씩 올라갔지만, 밤에는 1미터씩 미끄러져 내려왔지요. 우물의 깊이가 25미터라고 할 때 이 느림보 달팽이가 우물 밖으로 나오는 데에는 며칠이 걸릴까요?

답 이 문제는 쉬워 보이지만 제대로 생각하지 않으면 자칫 엉뚱한 답을 쓰게 될 거예요. 우선 정답은 8일입니다.

밤낮을 비교할 때 달팽이는 매일 3미터씩 올라갑니다. 그래서 8일 동안 오르면 24미터가 됩니다. 여기서 한 가지 고려할 것이 있습니다. 우물의 깊이가 25미터라고 했으니 9일째 되는 날 밖으로 나온다고 생각할 수 있다는 점입니다. 그러나 달팽이는 7일째 되는 날 21미터까지 올라온 상태가 되고, 낮에 4미터를 오른다는 것을 생각하면 낮에 이미 다 올라간 상태가 되기 때문에 8일째 되는 날 밖으로 나오게 되는 것이지요.

퀴즈 1 다음 미로에서 길을 찾아보세요.

퀴즈 2 동훈이는 미로의 방에 들어갔습니다. 미로의 입구(→)에서 출구(※)로 나가는 길에는 여러 가지 모양의 그림이 깔려 있었지요. 그런데 자세히 살펴보니 입구에서 출구까지 가는 길을 인도해 주는 그림에는 어떤 규칙이 있었어요. 그 사실을 알아낸 동훈이는 무사히 미로의 방을 빠져 나올 수 있었답니다.

동훈이는 어떤 길로 출구까지 갔을까요?

퀴즈 3 다음 사물과 관련된 의성어를 보기에서 찾아 빈칸에 알맞게 써 보세요. 그리고 괄호에 들어갈 낱말이 무엇인지 맞혀 보세요.

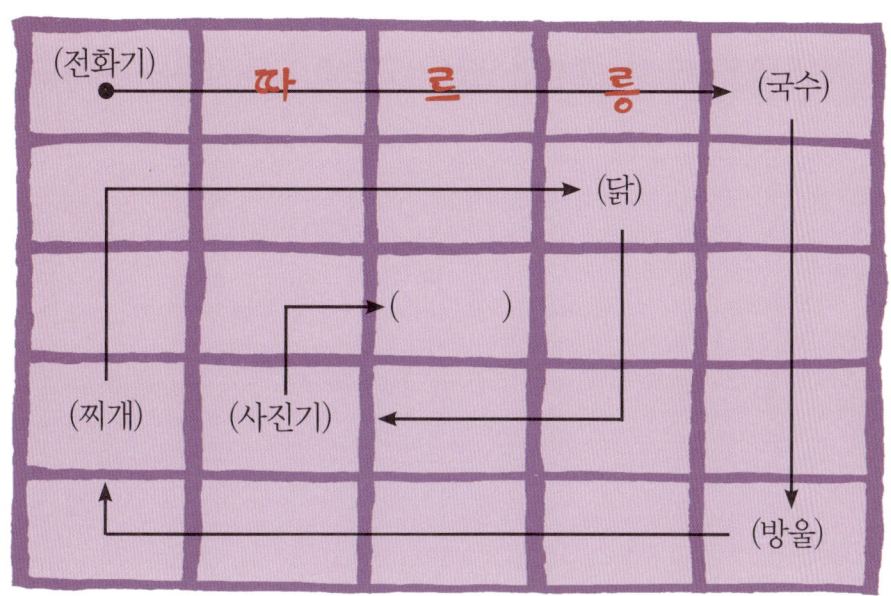

[보기] 똑딱똑딱, 후루룩, 따르릉, 포폐오, 보글보글, 찰칵, 쨍그랑, 딸랑딸랑, 덜썩, 뽕

퀴즈 9 페니실린을 발견한 유명한 미생물학자 플래밍 박사는 인류의 미래를 구원할 놀라운 능력의 세균을 배양하고 있었습니다. 이 세균은 1분이 지나면 두 개로 분열하고, 다시 1분이 지나면 각각 두 개로 분열하여 모두 네 개가 됩니다. 이런 식으로 한 개의 세균이 병에 가득 차는 데는 한 시간이 걸립니다. 그렇다면 처음 세균 배양을 할 때 두 개의 세균부터 시작한다면 병을 세균으로 가득 채우는 데 몇 분이 걸릴까요?

퀴즈 5 신밧드와 함께 우여곡절 끝에 진리의 나라에 도착한 트루는 진리의 말씀이 담긴 성궤가 있는 동굴에 이르렀습니다. 동굴 입구는 커다란 용이 막고 있었지요. 동굴 푯말에는 동굴에 들어가려면 다음 문제를 풀어야 한다고 쓰여 있었어요. 문제의 내용은 이랬습니다.

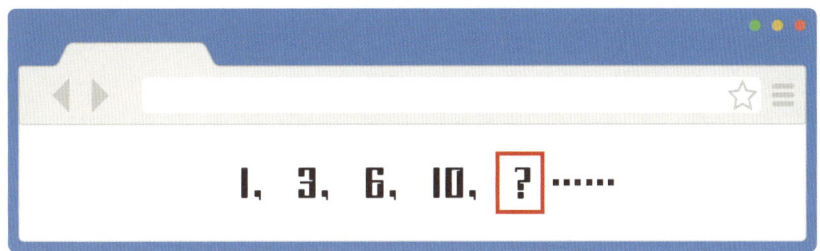

? 에 들어갈 수는 무엇일까요?

퀴즈 6 다음은 어떤 규칙성을 가진 수의 배열이에요. 맨 왼쪽 위에 있는 수 88과 오른쪽에 있는 수 63에서 25가 나오고 그 25와 9에서 16이 나옵니다. 이런 식으로 맨 아래의 수 5까지 나오지요. 그렇다면 ? 에는 어떤 수가 들어가야 할까요?

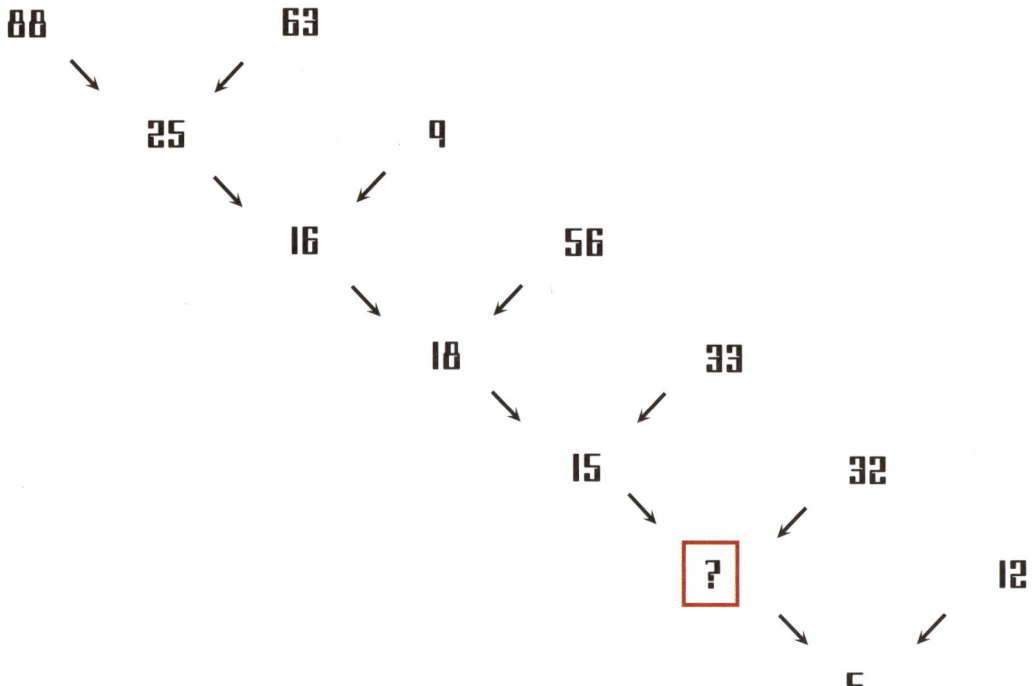

퀴즈 7 다음과 같은 정사각형 종이를 접어 넓이가 절반이 되는 정사각형을 만들고, 그 과정을 설명해 보세요.

★103쪽의 부록 종이를 활용해 보세요.

논리적 사고력 퀴즈

3장

여기에서는 일반적인 사실에서
개별적인 사실을 이끌어 내는 연역법이나,
개별적인 사실에서 일반적인 사실을 이끌어 내는
귀납법 등을 이해하고,
문제의 인과 관계나,
추론의 오류를 생각하며
풀어 봐야 하는 것을 다루었어요.

연습 1 다음 세 가지 전제에서 확실하게 말할 수 있는 것은 무엇일까요?

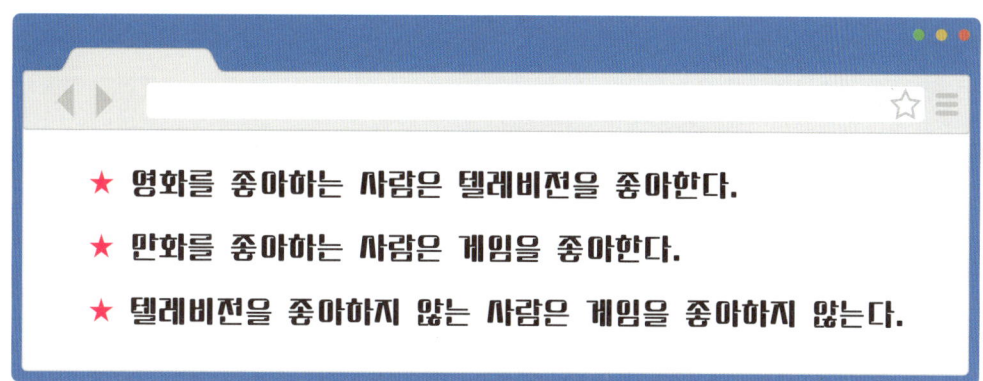

★ 영화를 좋아하는 사람은 텔레비전을 좋아한다.
★ 만화를 좋아하는 사람은 게임을 좋아한다.
★ 텔레비전을 좋아하지 않는 사람은 게임을 좋아하지 않는다.

❶ 영화를 좋아하는 사람은 만화를 좋아하지 않는다.

❷ 게임을 좋아하는 사람은 영화를 좋아한다.

❸ 만화를 좋아하는 사람은 텔레비전을 좋아한다.

❹ 영화를 좋아하는 사람은 게임을 좋아한다.

❺ 게임을 좋아하는 사람은 영화를 좋아하지 않는다.

답 ❸번만 확실하게 말할 수 있습니다.

주어진 내용을 기호를 이용해 정리하면 다음과 같습니다.

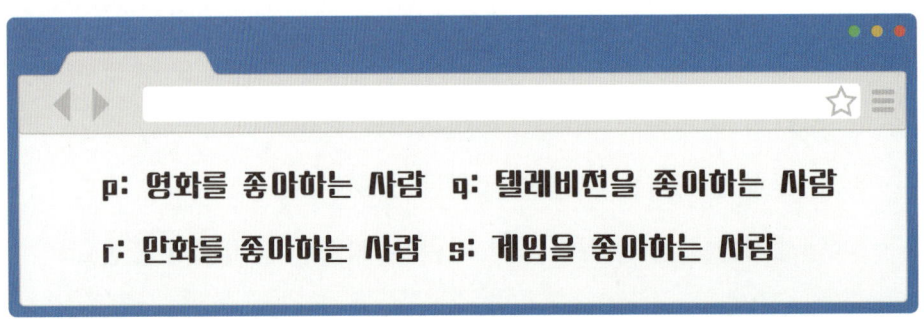

여기에서 '⇒'를 '(만약) ~는 ~이다'를 나타낸다고 가정하고 전제의 내용을 식으로 나타내면 p ⇒ q, r ⇒ s , ~q ⇒ ~s가 됩니다. 이때 ~q ⇒ ~ s는 s ⇒ q로 바꿀 수 있습니다. 그렇다면 r ⇒ s ⇒ q가 되지요. 즉 r ⇒ q가 됩니다. 그러므로 '만화를 좋아하는 사람은 텔레비전을 좋아한다.'가 '참'이 됩니다.

연습 2 환경에 따라 동물이 진화한다는 것을 밝혀낸 찰스 다윈 박사와 식물의 유전 형질에 대해 알아낸 멘델 박사가 대화를 나누고 있어요.

멘델 박사가 빠뜨린 이야기 내용은 무엇일까요?

답 멘델 박사의 말 '모든 양서류는 냉혈 동물이더군요. 그러니까 두꺼비도 냉혈 동물이지요.'를 다음과 같은 전제와 결론을 가진 논증으로 바꿔 볼까요?

★ **전제** : 모든 양서류는 냉혈 동물이다.

★ **결론** : 따라서 두꺼비도 냉혈 동물이다.

이 논증을 다음처럼 바꿔 보겠습니다.

★ **드러난 전제** : 모든 양서류는 냉혈 동물이다.

★ **드러나 있지 않은 전제** : 두꺼비는 양서류이다.

★ **결론** : 따라서 두꺼비도 냉혈 동물이다.

멘델 박사가 생각하기에 빠진 부분은 바로 드러나 있지 않은 전제인 '두꺼비는 양서류이다.'라는 부분입니다. 멘델 박사의 말에 이 부분이 없기 때문에 다윈 박사가 '뭔가 빠진 거 같다.'라고 지적한 거지요.

연습 3 언제나 참말만을 말하는 제다이 기사와 거짓말만을 하는 외계인이 묵고 있는 호텔이 있습니다. 마침 스티븐 스필버그, 프란시스 포드 코폴라, 조지 루카스 세 사람이 호텔 정원에 함께 서 있었고, 한 손님이 그들 가운데 스티븐 스필버그에게 물었습니다.

이 세 사람의 정체는 무엇일까요?

답 제다이의 기사든 외계인이든 '나는 외계인'이라고 말할 수는 없습니다. 왜냐하면 제다이의 기사가 자신이 외계인이라고 하면 거짓말이 되고, 반대로 외계인이 자신이 외계인이라고 하면 참말이 되기 때문이지요. 이러한 논리에 따르면 스필버그는 자신이 외계인이라고 말하진 않았을 거예요. 따라서 스필버그가 스스로 외계인이라고 말했다는 코폴라의 말은 거짓말입니다. 그러므로 코폴라는 외계인이지요. 또 조지 루카스는 코폴라가 거짓말하고 있다고 주장했는데 코폴라가 실제로 거짓말을 했으므로 루카스는 참말을 한 셈이에요. 그러므로 루카스는 제다이 기사입니다. 이것을 토대로 따져 보면 코폴라가 외계인이고 루카스는 제다이 기사입니다. 여기서 스필버그는 외계인인지 제다이 기사인지 알 수 없습니다.

퀴즈 1 바나나 섬에 몽키라는 이름의 아이가 살고 있었습니다. 몽키는 이렇게 외치며 돌아다녔지요.

"모든 바나나 섬사람은 거짓말쟁이다."

과연 몽키의 이 말은 참말일까요? 거짓말일까요?

퀴즈 2 도원이네 아버지는 여섯 형제예요. 할아버지 제삿날 도원이 아버지의 여섯 형제가 모두 모였지요. 제사를 마친 후 여섯 형제가 둥근 탁자에 앉아 식사를 하게 되었습니다. 그런데 문제가 있었지요. 여섯 형제 모두 바로 위의 형이나 바로 아래의 동생과는 사이가 나빠서 절대로 옆자리에 앉으려 하지 않았어요. 셋째의 옆자리에 다섯째가 앉지 않았다면, 둘째의 양 옆에는 누가 앉았을까요?

퀴즈 3 야구 방망이와 야구공의 가격을 합한 가격은 11,000원입니다. 야구 방망이의 가격이 야구공의 가격보다 10,000원 더 비쌉니다. 그렇다면 야구공의 가격은 얼마인가요?

퀴즈 4 다음 글을 읽고 무엇이 잘못되었는지 찾아 설명해 보세요.

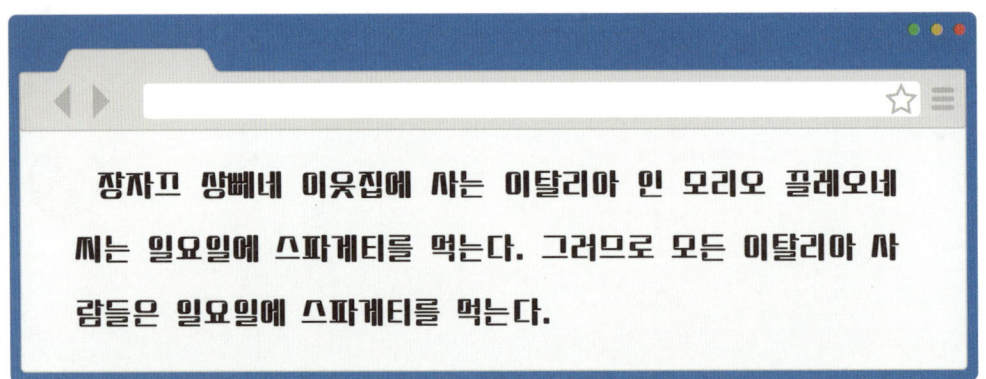

퀴즈 5 007 제임스 본드와 006 스파이가 함께 '같지만 다른 모양이다.'라는 암호를 들고 할인마트에 갔습니다. 여기저기 둘러보던 007 제임스 본드가 할인 판매하는 과일 통조림을 살펴보더니, 이렇게 말했습니다.

오! 여기 비밀 암호의 단서가 숨어 있군.

눈을 반짝이며 006 스파이가 007 제임스 본드에게 단서가 무엇인지 물었지요. 그러자 007 제임스 본드가 이렇게 대답했습니다.

이 통조림 옆면에 컴퍼스를 대고 원을 그린 다음 옆면을 펼치면 어떤 모습일까?

퀴즈 6 빨간 모자 세 개, 흰 모자 두 개가 있습니다. 그중 세 개를 보니, 지니, 하니 세 사람에게 씌우고 나머지 모자를 감췄어요. 서로 다른 사람의 모자 색깔은 볼 수 있지만, 자신의 모자 색깔은 보지 못하지요. 가장 먼저 보니에게 무슨 색깔 모자를 썼느냐고 물으니 모른다고 대답했습니다. 지니에게 같은 질문을 했더니 역시 모른다고 대답했어요. 사실 둘의 모자는 모두 빨간색이었습니다. 하니에게 물었더니 하니는 보니와 지니의 답을 듣고 자기 모자의 색깔을 알았다고 대답했지요.

하니의 모자는 무슨 색깔일까요?

퀴즈 7 자동차 다섯 대가 나란히 지나갑니다. 맨 앞차는 검은색이고, 세 번째 차는 보라색입니다. 보라색 차 바로 앞차는 주황색이며, 다섯 번째 차는 노란색입니다. 다섯 번째 차는 파란색 차 바로 뒤에 있습니다.

그렇다면 네 번째 차는 무슨 색일까요?

★106쪽의 부록 자동차 카드를 활용해 보세요.

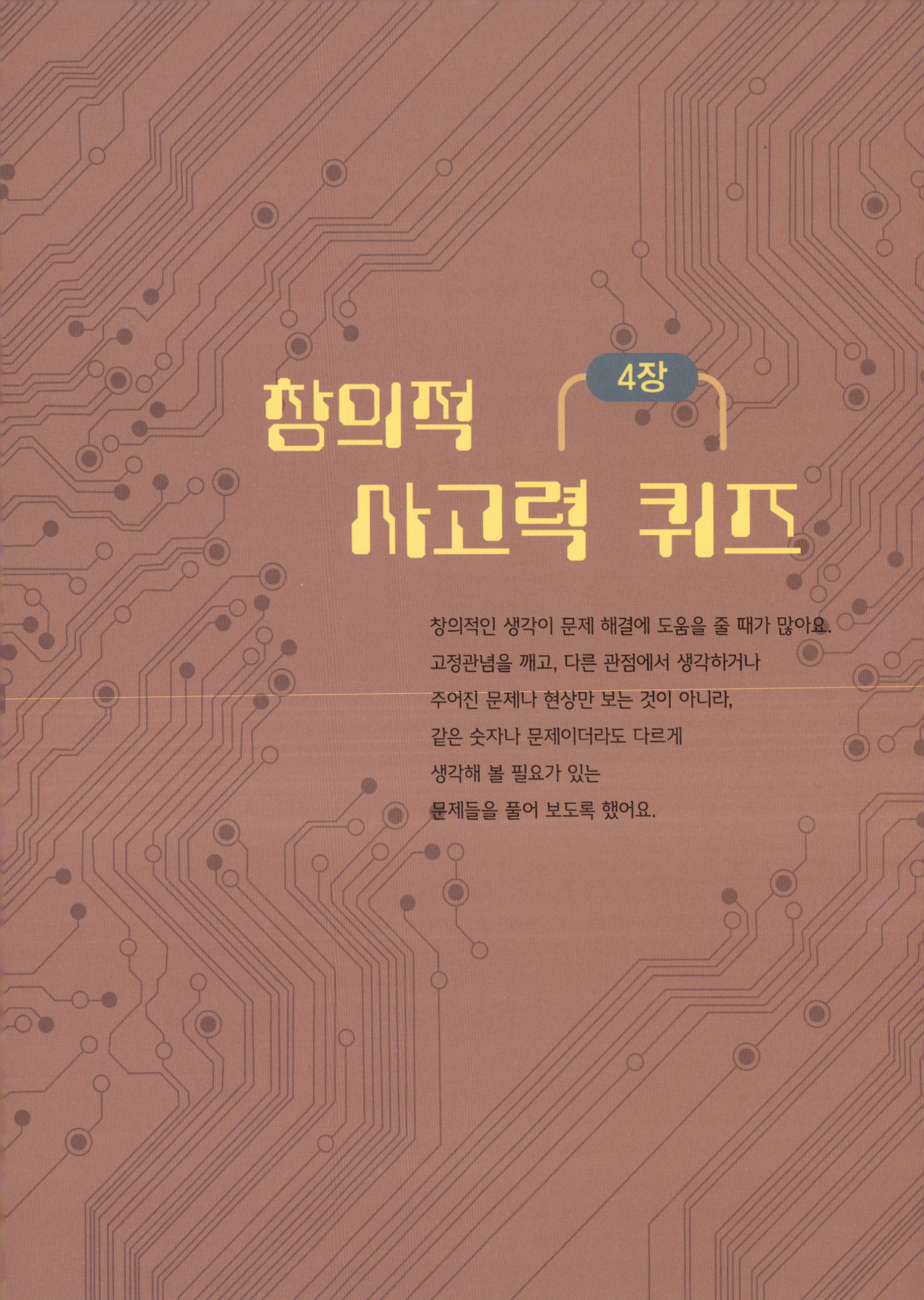

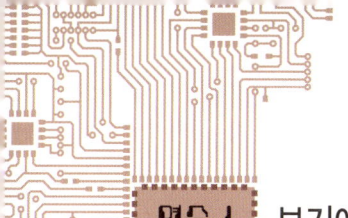

연습 1 보기에 나열된 낱말을 연결하여 짧은 이야기를 만들어 보세요.

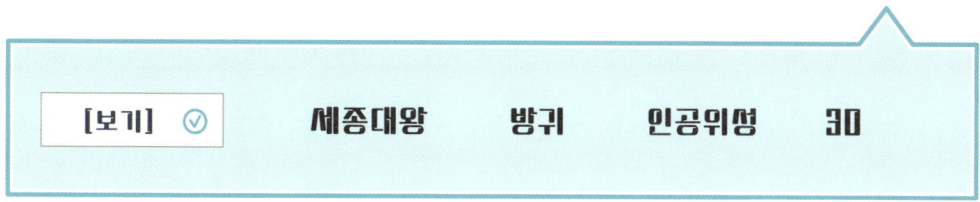

[보기] ✓   세종대왕   방귀   인공위성   30

답 세종 대왕이 책에 빠져 방귀도 참고 책만 보던 날이 이어졌어요. 그러기를 한 달째. 드디어 더 이상 방귀를 참지 못한 세종 대왕은 앉은자리에서 방귀를 뀌었어요. 무지하게 참았던 터라 방귀의 냄새와 소리는 상상도 못할 정도의 것이었지요. 아마 현대였다면 중국의 만리장성만 찍힌다는 인공위성 사진에 세종 대왕의 방귀 구름이 찍혔을지도 몰라요.

★이 글은 예시예요. 창의력을 발휘해 재미있는 이야기를 만들어 보세요.

연습 2 코딩 선생님의 컴퓨터 배경화면에 나와 있는 폴더 이름으로 다음과 같은 덧셈식이 적혀 있었어요.

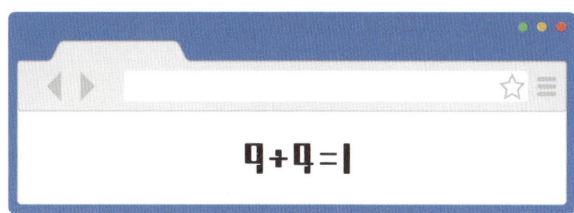

일반적인 셈법으로는 이런 답이 나올 수 없습니다. 이 폴더 이름은 무엇을 뜻하는 것일까요?

답 시계를 생각하면 됩니다. 시계를 단지 시간을 보는 도구로만 생각하지 않는다면 쉽게 풀 수 있는 문제입니다.

다음 그림을 보세요. 시계에 쓰인 숫자 9(파란 동그라미)에서 네 개의 숫자를 더해서 시계 방향으로 이동하면(노란 동그라미) 숫자 1(★)이 되니까요.

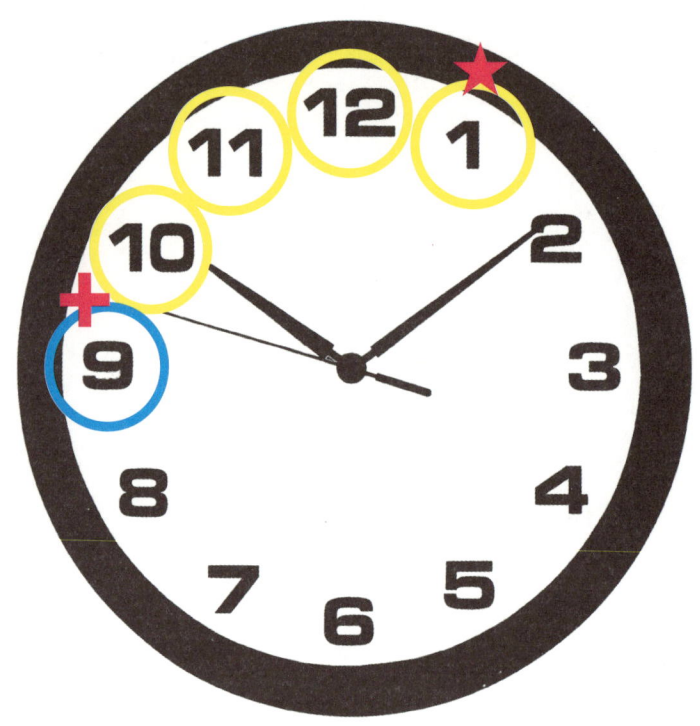

연습 3 셜록 홈즈는 컵 세 개를 탁자에 한 줄로 늘어놓고, 왓슨에게 다음과 같은 문제를 냈습니다. 이때 가운데 컵은 똑바로 놓고, 바깥쪽 컵 두 개는 뒤집어 놓았지요. 즉 컵을 각각 A, B, C라고 할 때 A컵과 C컵은 거꾸로 놓여 있고, B컵은 똑바로 놓여 있어요.

왓슨 박사가 셜록 홈즈처럼 할 수 없었던 이유는 무엇일까요?

답 이것은 셜록 홈즈의 뻔뻔하고 뛰어난 연기력 덕분에 가능한 일입니다. 왜냐하면 셜록 홈즈가 컵을 뒤집을 때는 A컵과 C컵을 뒤집어 놓고, B컵만 똑바로 놓았는데, 왓슨 박사한테 해 보라고 할 때는 A컵과 C컵을 똑바로 놓고, B컵만 뒤집어 놓았기 때문이지요.

대부분의 사람은 이 교묘하고 얄팍한 변화를 알아채지 못합니다. 따라서 왓슨 박사는 컵 두 개를 한꺼번에 움직여 세 번 만에 세 개의 컵을 거꾸로 놓을 순 있었지만, 똑바로 놓을 수는 없었던 거예요.

사람들은 늘어놓은 컵이 어떤 순서로 똑바로 놓였는지 거꾸로 놓였는지를 금방 알아차리지 못한답니다. 이런 사소한 변화를 세심하게 살펴보는 사람은 많지 않거든요. 그래서 보통 이런 식의 기술은 마술에서 흔히 쓰여요. 하지만 이러한 것을 관찰하고 규칙을 찾고, 논리적으로 생각해 보는 것에서 창의력이 생겨납니다. 셜록 홈즈와 왓슨 박사의 차이처럼 말이지요.

퀴즈 1 다음 질문에 대한 적절한 답을 적어도 다섯 가지 이상 찾아보세요. 단, 생각할 시간은 30초뿐입니다.

❶ 대머리에게 샴푸를 팔려면?

❷ 아프리카 원주민에게 오리털 점퍼를 팔려면?

❸ 에스키모에게 냉장고를 팔려면?

퀴즈 2 아서는 하늘이 내려 준 신비의 칼이 있다는 마을로 갔습니다. 전설에 따르면 이 신비의 칼을 갖는 사람이 세상을 지배한다지 뭐예요. 그리고 마을에는 정말로 커다란 바위에 박힌 칼이 있었어요. 여러 나라의 내로라하는 장사가 이 칼을 차지하려고 왔지만, 아무도 바위에서 칼을 뽑지 못했지요. 엄청난 힘을 자랑하는 장사가 있는 힘을 다해 잡아당겨도 칼은 바위에 박힌 채 꼼짝도 하지 않았습니다. 드디어 아서 차례가 되었습니다. 그런데 어떻게 했는지 아서는 약간의 힘만 주었는데 칼을 뽑았어요. 칼은 아서의 것이 되었고, 후일 아서는 이 칼로 세상을 평정할 수 있었습니다.

과연 어떻게 된 일일까요?

퀴즈 3 슬기는 지혜에게 줄 생일 선물을 준비했습니다. 그리고 다음과 같이 한 변이 50센티미터, 높이 10센티미터인 정육면체 모양의 커다란 선물 상자에 생일 선물을 담았어요. 그리고 마무리로 선물 상자의 옆면 둘레를 골판지로 감싸서 예쁘게 포장하려고 해요. 어? 그런데 갖고 있는 골판지는 세로 10센티미터, 가로 100센티미터인 골판지였어요.

자, 어떻게 하면 선물 상자의 둘레를 골판지로 감쌀 수 있을까요?

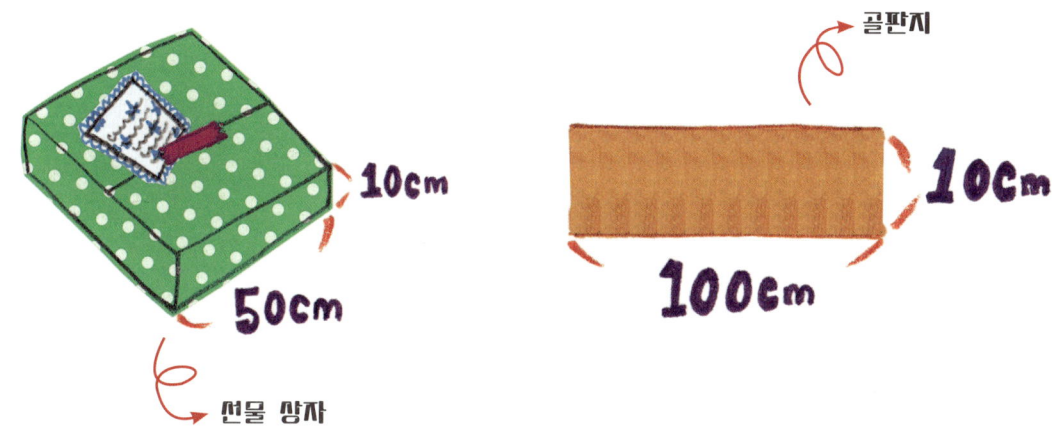

퀴즈 9 인어공주는 말을 하고 싶었습니다. 그래서 바닷가에 살고 있는 마녀를 찾아가 간절하게 부탁했습니다. 그러자 마녀가 이런 제안을 했어요.

"그럼 여기 밑 빠진 독에 물을 가득 채워 봐라. 단, 제한 시간은 10분이며, 독의 밑 빠진 부분을 메우거나 하면 안 된다. 물을 가득 채우면 부탁을 들어 주겠다."

인어공주는 이런저런 생각을 해 봤지만 방법이 떠오르지 않았지요.

만약 공주가 여러분에게 도움을 청한다면 여러분은 공주에게 어떤 조언을 해 주겠어요?

퀴즈 5 꼬마 스티브 잡스는 어떤 상황에서든 과자를 먹곤 했어요. 그런 그가 유일하게 과자를 먹지 못하는 때가 성당에서 기도를 할 때였답니다. 그래서 어느 날 신부님께 이렇게 물었습니다.

과연 꼬마 스티브 잡스는 신부님께 뭐라고 물었을까요?

퀴즈 6 세계적인 생활용품 전문 기업인 처치앤드와이트 사는 '암앤해머'라는 브랜드로 베이킹소다를 생산했습니다. 꺾일 줄 모르던 매출은 사람들의 생활 양식이 바뀌면서 하향 곡선을 그렸지요. 베이킹소다는 빵이나 과자를 만들 때 빵이나 과자를 부풀려서 맛을 좋게 하고 부드럽게 만들어 소화가 잘되도록 하는 식품 첨가물이에요. 그런데 사람들이 빵이나 과자를 집에서 만들어 먹지 않고 사 먹으면서 매출이 떨어진 것이지요. 매출이 떨어지면서 자연히 처치앤드와이트 사도 위기에 처하게 되었습니다. 그런데 처치앤드와이트 사는 이 위기를 극복했어요.

과연 어떻게 위기를 극복할 수 있었을까요?

퀴즈 7 두 명의 아버지와 두 명의 아들이 함께 낚시를 갔습니다. 시간이 한참 흐르고, 이들은 큰 물고기 한 마리, 작은 물고기 한 마리, 뚱뚱한 물고기 한 마리, 이렇게 모두 세 마리를 낚았습니다. 그리고 집으로 갈 때는 각자 물고기를 한 마리씩 가져가게 되었습니다.

어떻게 그럴 수 있었을까요?

5장 문제 해결 알고리즘 퀴즈

알고리즘은 문제 해결을 위한 절차와 과정이에요.
따라서 문제에 대해 효율적인 해결 방법을 생각하고,
그 방법에 따라 어떻게 문제를 해결할지를 계획한 다음,
그대로 실행해서 문제를 풀어내는 모든 과정이지요.
그러니까 지금까지 나온 퀴즈나 문제들을 종합적으로
푸는 것이라고도 볼 수 있어요.
다양한 방법으로 문제를 해결해 보세요.

연습 1 두 원시인이 산사태를 피해 안전한 곳으로 숨어들었어요. 그런데 둘 다 같은 일을 겪었는데도, 생각하고 실천한 내용은 아주 다릅니다.

답 아주 간단한 이야기이지만 두 원시인의 차이는 척 봐도 알 수 있지요. 어떤 문제와 마주했을 때 자신이 가지고 있는 지식을 활용하느냐, 활용하지 않느냐의 차이이지요. 주어진 문제에서 우리가 이미 배운 지식을 가지고 어떻게 생각해 봐야 하는지 생각해 봅시다.

연습 2 양팔 저울이 있습니다. 무게나 질량을 재야 할 때 저울이 필요한데, 양쪽에 접시가 달려 있어서 양쪽의 접시에 물체를 올려놓고 무게나 질량을 비교할 수 있는 저울을 '양팔 저울'이라고 해요. 아래 사진처럼 생겼지요.

이 양팔 저울 양 끝에는 같은 양의 물이 담긴, 같은 크기의 컵이 수평을 유지한 채 놓여 있어요. 이 중 한쪽 컵의 물속에 손가락이 잠기도록 넣으면 양팔 저울의 수평은 어떻게 될까요?

답 손가락을 넣은 컵 쪽의 저울이 내려갑니다. 왜냐하면 손가락을 넣으면 손가락이 밀어낸 물의 부피만큼 물이 불어난 것과 같아서 손가락을 넣은 쪽이 무거워지기 때문이지요. 이는 고대 그리스의 철학자이자 과학자인 아르키메데스의 유레카 일화에서도 나타납니다. 이미 이 이야기에 대해 알고 있는 사람이라면 이 문제를 쉽게 풀었을 거예요. 아르키메데스의 이야기를 들어 볼까요?

히에론 왕은 자신의 금관이 순금이 아니고 은이 섞였다는 소문을 듣고, 아르키메데스에게 진위를 밝히라고 명령하지요. 금관을 녹이거나 분해하지 않은 채로요. 해결책을 고민하던 아르키메데스가 물이 가득한 목욕탕에 들어갔는데, 욕조에 채워진 물이 넘쳐 흘렀습니다.

그것을 보고 흥분한 아르키메데스는 벌거벗은 채 목욕탕에서 뛰어나와 "유레카(Eureka, 그리스 어로 '알았다, 찾았다'라는 뜻)!"라고 외쳤다고 합니다. 아르키메데스는 물속에 금관과 같은 분량의 순금 덩어리를 넣고 물이 얼마나 넘치는지를 잰 다음, 같은 양의 물속에 왕의 금관을 넣고 넘치는 물의 양을 잰 뒤 비교해 보았어요. 그리고 왕의 금관에 다른 물질이 섞여 있다는 것을 알아냈지요.

연습 3 얼음, 소금, 실이 있습니다. 이것만 가지고도 투명하고 아름다운 얼음 목걸이를 만들 수 있어요. 송곳이나 다른 도구로 어렵게 얼음에 구멍을 뚫지 않더라도 말이에요.

어떻게 하면 될까요?

답 마치 마법 같지만 방법은 아주 간단합니다. 얼음에 실을 올려놓고 소금을 뿌린 다음 잠시 기다리기만 하면 되거든요.

얼음에 실을 올려놓으면 얼음 표면과 실이 닿는 부분이 녹아 물로 변합니다. 이때 소금을 뿌리면 소금이 얼음 표면의 온도를 낮추고, 녹아서 물이 되었던 부분이 다시 얼게 됩니다. 이렇게 되어 실 주변의 물이 얼고 실은 얼음에 들러붙어서 순식간에 투명하게 반짝이는 얼음 목걸이가 된답니다.

이와 같은 과학의 원리를 알고 있다면 다른 종류의 질문이더라도 쉽게 답할 수 있겠지요?

퀴즈 1 다음 그림과 같은 병과 달걀이 준비되어 있습니다. 이 병의 입구는 좁아서 달걀이 들어가지 않아요. 이 병 속에 달걀을 집어넣는 방법을 설명해 보세요. 가능하면 손을 쓰지 않고 넣는 방법으로요.

• 준비물

퀴즈 2 다음과 같은 열여섯 개의 점이 있습니다. 이것을 여섯 개의 직선을 그어 한 번에 연결해 보세요.

퀴즈 3 다음처럼 네 개의 점을 잇는 사각형을 그려 보세요. 사각형의 네 변은 제각기 한 점을 통과해야 하며, 그 점에 에워싸인 글자에 닿아서는 안 됩니다.

네 개의 점을 잇는 사각형을
그려 보세요. 사각형의 네
변은 제각기 한 점을 통과해
야 하며, 그 점에 에워싸인
글자에 닿아서는 안 됩니다.

퀴즈 9 재석이와 명수, 준하, 형돈이, 동훈이가 찜질방에 갔습니다. 일행은 이곳저곳 여러 방을 돌아다니던 끝에 온도가 높은 자수정방에 들어갔지요. 그곳에는 7분짜리와 11분짜리 두 종류의 모래시계가 있었어요. 그걸 보고 명수가 사악한 미소를 지으며 두 종류의 모래시계로 15분을 잴 수 있으면 자기가 점심을 사겠다고 했습니다. 그 말을 들은 재석이가 눈에 불을 켜고 방법을 연구하더니 큰 소리로 웃으면서 시범을 보였지요. 시범을 본 명수는 눈물을 머금고 5인분이나 되는 점심을 살 수밖에 없었지요.

재석이는 어떤 방법으로 15분을 쟀을까요?

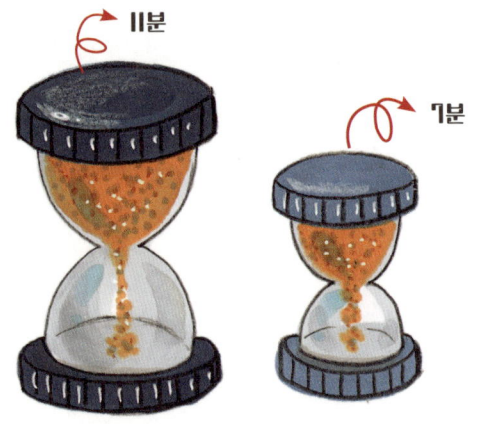

퀴즈 5 정사각형 모양의 치즈가 한 개 있습니다. 이 치즈를 작은 정사각형 모양의 치즈 아홉 개로 나누려면 칼질을 최소한 몇 번 해야 할까요?

퀴즈 6 아래 전개도로 만들 수 있는 입체 도형은 무엇일까요?

❶

❷

❸

❹

퀴즈 7 아래의 퍼즐 조각으로 제시한 도형을 만들어 보세요.

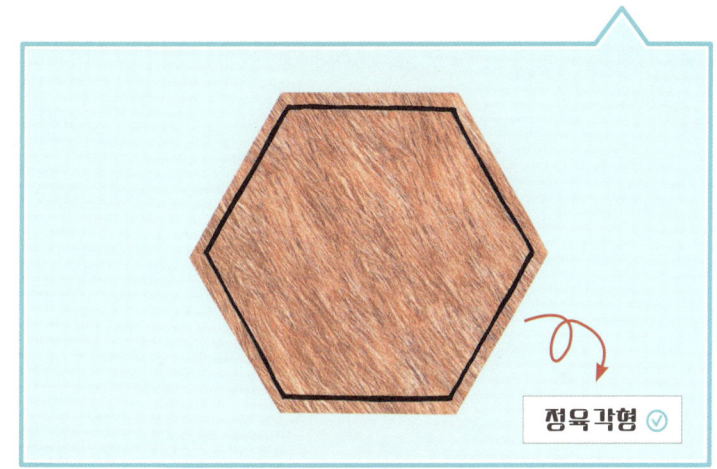

정육각형

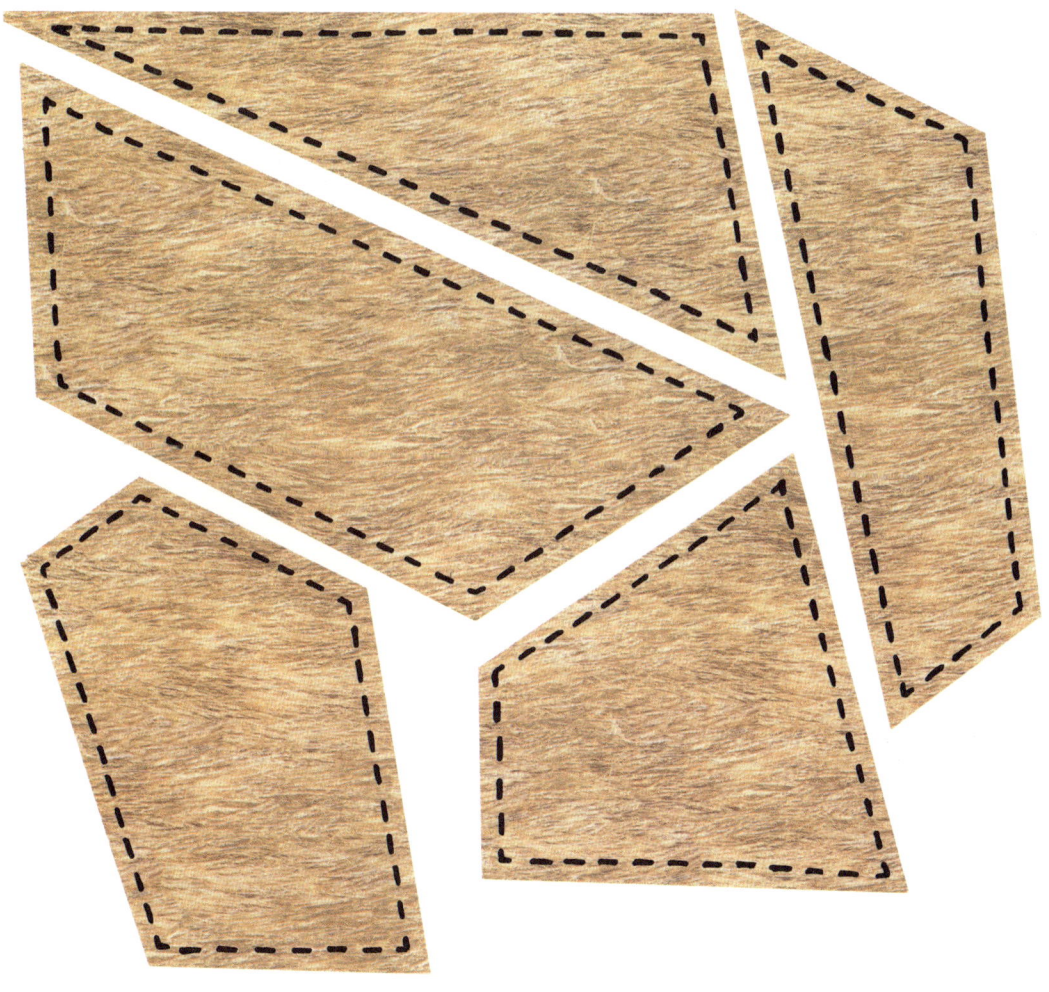

★107쪽의 부록 조각을 활용해 보세요.

21쪽

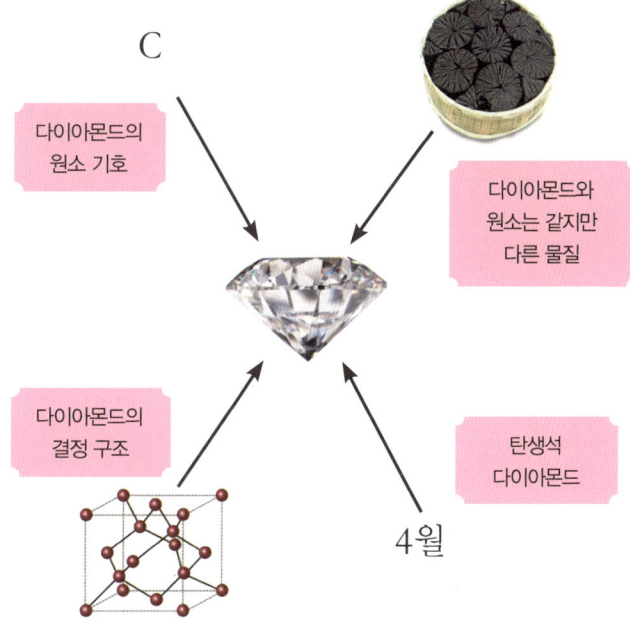

❶ C는 원자번호 6번 탄소를 의미합니다. 1789년 라부아지에가 라틴어 Carbo(목탄)에서 따와 Carbon으로 명명한 것의 약자예요. 숯과 다이아몬드, 흑연 등은 모두 탄소로만 이루어진 물질이랍니다. 탄소 원소는 높은 온도와 높은 압력에서 오랜 시간이 흐르면 다이아몬드가 됩니다.

❷ 숯을 모아 놓은 사진이에요. 1972년 라부아지에는 숯과 다이아몬드가 화학적으로 같은 원소라는 것을 실험을 통해 확인했어요. 숯은 다이아몬드와 원소는 같지만 다른 물질입니다.

❸ 그림은 다이아몬드의 결정 구조입니다.

❹ 4월의 탄생석은 다이아몬드입니다.

제시된 네 가지의 공통점은 다이아몬드입니다.

22쪽

a, b 두 대각선의 길이는 같습니다.

언뜻 보기에는 a, b 두 선 중 a가 더 길어 보이지만, 자로 재어 보면 길이가 똑같다는 것을 알 수 있답니다. 주변에 그려진 다각형의 선과 같은 배경 때문에 눈의 착시를 일으키는 '비교 착시'라는 현상이지요. 눈의 착각으로 같은 길이의 선분이 다른 길이로 보이는 거랍니다.

23쪽 이 문제는 도형과 거리에 대한 이해가 있다면 쉽게 풀 수 있습니다. 관찰력이 좋은 친구라면 육상 중거리 경기에서 안쪽에서 뛰는 선수와 바깥쪽에서 뛰는 선수의 출발점이 다른 것을 봤을 거예요. 왜냐하면 안쪽과 바깥쪽은 중심으로부터의 거리가 다르기 때문이지요. 안쪽이 바깥쪽보다 회전 폭이 작거든요. 그래서 고정된 목표 지점까지 동일한 거리를 유지하기 위해서 출발점이 다른 것이랍니다. 이것처럼 다른 조건이 모두 같은데도 거북이 토끼를 앞질렀다면 그것은 거북과 토끼 둘 다 큰 곡선 길을 지났던 걸로 추측해 볼 수 있습니다. 문제의 설명대로라면 '같은 속도를 유지했는데도 거북의 자동차가 토끼의 자동차보다 앞서 나갔다'면 거북이 곡선 길의 안쪽을 달렸겠지요.

24쪽 토끼 위치가 바뀐 것이 아니라 나무 받침대가 회전했을 뿐입니다. 각 토끼의 한쪽 면은 검은색, 다른 쪽 면은 흰색이 칠해져 있었던 거지요.

25쪽 그림처럼 세우면 됩니다.

26쪽 이 문제에서 핵심은 '메리가 끔뻑이를 죽였는데도 체포되지 않았고 아무런 처벌도 받지 않았다.'는 내용이에요. 이것으로 우리는 끔뻑이가 사람은 아니라는 걸 추측할 수 있지요. 그 추측을 바탕으로 하면 메리가 누구인지도 대략적인 추측이 가능해져요. 이것을 정리하면 다음과 같습니다.

★정보 : 메리가 끔뻑이를 죽였는데도 체포되지 않았고 처벌도 받지 않았다.
★추론 : 끔뻑이는 사람이 아닐 가능성이 높다.

이러한 추측으로부터 여러 가지 가능한 상황을 추론해 볼 수 있겠지만, 제시된 예에서는 ❶번이 가장 가능한 답이 됩니다. 추론 능력을 요구하는 문제예요.

27쪽 답은 ❷번입니다.
❶, ❸, ❹번은 오른쪽 전개도를 접은 입체 도형입니다. 그러나 ❷번만 모든 면이 삼각형으로 이루어진 삼각뿔입니다.

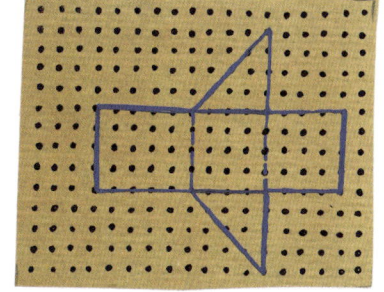

★102쪽 부록 전개도로 직접 만들어 볼 수 있어요.

35쪽

87

36쪽 이 미로 퍼즐을 풀려면 먼저 규칙적으로 반복되는 그림을 찾아야 합니다. 규칙적으로 반복되는 그림과 그 배열은 다음과 같습니다.

그림의 배열 : 🍉 🍒 🍅

따라서 규칙적으로 반복되는 그림의 배열을 따라 가면 다음과 같은 길로 미로 방을 탈출할 수 있습니다.

37쪽 답은 '칵'입니다.

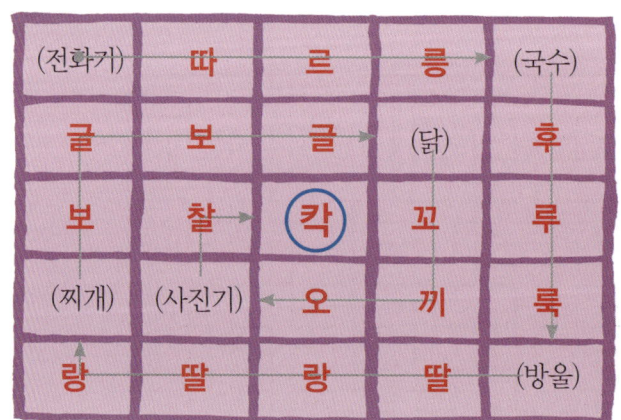

38쪽 59분이에요.

한 개의 세포부터 시작하면 두 개가 되는 데 1분이 걸립니다. 따라서 두 개부터 시작한다는 것은 처음 1분이 절약될 뿐이지요.

39쪽 15입니다.

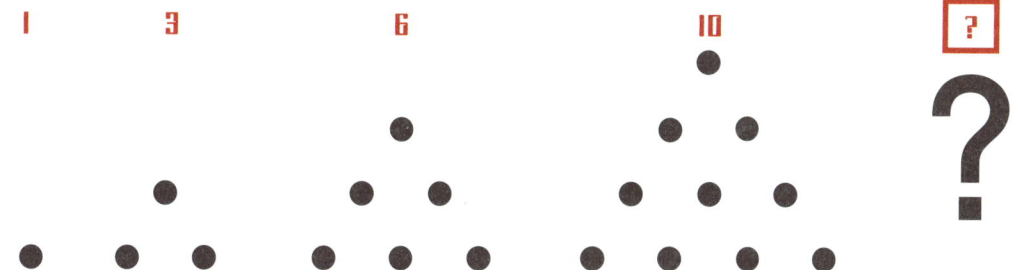

1, 3, 6, 10 이렇게 숫자로 나열했을 때는 잘 보이지 않던 답이 그림으로 그리면 쉽게 드러납니다. 이러한 수열을 '삼각수 수열 패턴'이라고 합니다. 수열의 규칙은 다음과 같습니다.

1, 1+2, 1+2+3, 1+2+3+4……

그렇다면 다음에 와야 하는 수열은 1+2+3+4+5, 즉 15가 됩니다.

40쪽 이 문제는 얼핏 보면 위에 있는 두 수 중 앞에 있는 수에서 뒤에 있는 수를 뺀 것처럼 보입니다. 하지만 이렇게 생각하고 따져 보면 세 번째 단계인 16과 56에서 18이 나온다는 것을 설명할 수 없지요.

수열에서는 반복되는 패턴, 즉 규칙을 찾는 것이 중요합니다. 그렇다면 이 수열에는 어떤 규칙이 숨어 있을까요? 자세히 들여다보세요. 규칙을 찾을 수 있을 거예요.

이 문제의 규칙은 위에 있는 두 수를 구성하는 각각의 수를 모두 더하는 방식으로 되어 있어요. 예를 들어 88과 63에서 25가 나온 것은 8+8+6+3=25이지요. 따라서 ?은 15와 32를 구성하는 각각의 숫자의 합으로, 1+5+3+2=11, 즉 11이 됩니다.

아래 그림처럼 접으면 됩니다.

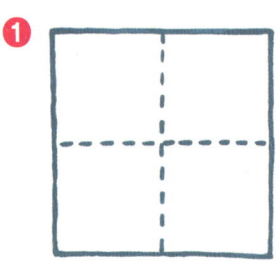 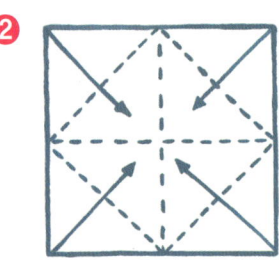 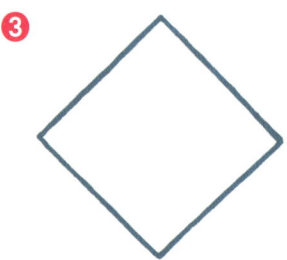

★103쪽 부록 색종이를 직접 접어 볼 수 있어요.

❶ 우선 가로와 세로로 종이의 절반을 접었다 펴요.
❷ ❶번에서 접었던 선에 맞추어 모서리를 그림처럼 접습니다.
❸ 원래 종이의 절반 넓이인 정사각형이 완성되었습니다.

 참말이라고도, 거짓말이라고도 할 수 없습니다.
이 문제는 역설에 관한 것입니다. '역설'은 어떤 생각이 모순에 빠지게 되는 것을 말해요. 아래 내용을 살펴볼까요?

❶ '바나나 섬의 모든 사람은 거짓말쟁이다.'라면 몽키는 바나나 섬에 살기 때문에 거짓말쟁이가 됩니다.
❷ 그렇다면 거짓말쟁이인 몽키가 한 말인 '모든 바나나 섬사람은 거짓말쟁이다.'는 거짓말이 됩니다.
❸ ❷번에 따르면 바나나 섬사람은 참말쟁이가 되는 거지요.
❹ 그렇다면 몽키는 또 참말쟁이가 됩니다.
❺ ❹번대로라면 몽키가 한 말인 '모든 바나나 섬사람은 거짓말쟁이다.'는 참말이 됩니다. 이 구조를 잘 들여다보면 ❶번과 ❹번, 그리고 ❷번과 ❺번처럼 서로 모순되는 상황이 계속 반복됩니다.

50쪽 넷째와 다섯째입니다.

이야기 조건에 맞춰 사람들을 앉히면 다음 그림과 같습니다.

51쪽 야구공의 가격은 500원입니다.

야구 방망이와 야구공을 합한 가격이 11,000원이고, 야구 방망이가 야구공보다 10,000원 비싸다면 다음의 식을 만들 수 있습니다.

야구 방망이+야구공=11,000원

야구 방망이−야구공=10,000원

여기서 합계 가격에서 야구 방망이의 비싼 가격 만큼을 빼고 남은 1,000원을 반으로 나누면 야구공 가격이 됩니다. 야구공 가격은 500원, 야구 방망이 가격은 10,500원입니다.

52쪽 이 글은 성급한 일반화의 오류를 범하고 있습니다. '성급한 일반화의 오류'란 부분을 전체로 착각하여 범하는 생각의 오류예요. 이탈리아 인 모리오 끌레오네 한 사람이 스파게티를 좋아한다는 내용으로부터 이탈리아 사람 전체가 스파게티를 좋아한다는 내용이 도출되는 건 논리적으로 타당하지 않아요.

53쪽 원기둥 모양인 통조림 옆면에 컴퍼스를 대고 원을 정확히 그렸더라도, 이 옆면을 펼치면 다음처럼 가로가 긴 타원이 됩니다.

이 문제는 평면과 곡면의 차이를 이해하고 있는지, 곡면에 그려진 도형의 모양은 어떻게 되는지, 또 그것을 그림으로 표현할 수 있는지를 묻고 있습니다.

54쪽 답은 빨간색입니다.

이 문제를 만든 사람은 물리학자 P. A. M. 디랙입니다. 보니가 자신의 모자 색깔을 모른다고 했으니 지니, 하니의 모자 색깔이 흰색은 될 수 없습니다. 둘 다 흰색 모자였다면 흰색 모자는 두 개뿐이므로 보니의 모자는 빨간색일 수밖에 없기 때문이지요. 따라서 지니, 하니의 모자는 빨간색, 빨간색, 또는 빨간색, 흰색(흰색, 빨간색) 가운데 하나예요. 이 중 하니의 모자가 아래 그림의 a 경우처럼 흰색이라면 지니는 자기 모자가 빨간색이라는 걸 알 수 있어요. 그런데 지니는 자신의 모자 색깔을 모른다고 했습니다. 따라서 하니의 모자는 빨간색입니다.

55쪽 답은 파란색입니다.

주어진 조건을 하나씩 따져 보면 답을 찾을 수 있습니다. 그림을 그려 보는 것도 도움이 되겠지요.

★106쪽 부록 자동차 카드로 직접 나열해 볼 수 있어요.

63쪽 이 문제에 정답은 없습니다. 다만 여러 가지 가능한 상황을 만들어 볼 수는 있지요.

❶ 다음과 같은 방법으로 대머리에게 샴푸를 팔아 보는 건 어떨까요?
★ 이 샴푸에는 발모제가 들어 있어 머리를 나게 합니다.
★ 이 샴푸를 사면 발모제를 사은품으로 줍니다.
★ 이 샴푸는 유명 대머리 연예인도 씁니다.
★ 이 샴푸에는 광택제가 들어 있어 머리를 더욱 빛나게 해 줍니다.
★ 이 샴푸를 사면 머리가 긴 여인을 소개해 줍니다.

❷ 아프리카 원주민에게 오리털 점퍼를 팔려면 다음과 같은 방법은 어떨까요?
★ 이 오리털 점퍼를 카펫 대용으로 쓸 수 있습니다.
★ 이 오리털 점퍼를 이불 대신 덮고 자면 세상에서 가장 편안한 잠을 잘 수 있습니다.
★ 이 오리털 점퍼를 사면 선풍기나 냉장고를 드립니다.
★ 이 오리털 점퍼는 당신을 이곳에서 더욱 귀하게 만들 것입니다.
★ 이 오리털 점퍼를 입으면 파리, 모기, 벌레 등으로부터 보호가 됩니다.

❸ 에스키모에게 냉장고를 팔려면 다음과 같은 방법이 있습니다.
★ 이 냉장고는 음식을 얼지 않게 보관해 줍니다.
★ 이 냉장고는 음식을 원래 상태 그대로 신선히 유지해 줍니다.
★ 이 냉장고를 사면 온풍기나 온열기를 줍니다.
★ 이 냉장고는 부의 상징입니다. 삶이 더욱 윤택해집니다.
★ 이 냉장고에는 공기 청정 기능이 있어 실내 공기를 더욱 맑게 해 줍니다.

`64쪽` 대부분의 사람은 칼을 뽑는 사람에게만 초점을 맞춥니다. 그러나 칼의 모양에 초점을 맞춰 보는 건 어떨까요?

신화적인 요소를 생각하지 않는다면 칼이 나선형으로 되어 있을 가능성이 커요. 칼이 나선형으로 되어 있다면, 이 칼은 힘을 주어 위로 들어 올려서는 잘 뽑히지 않습니다. 나선의 모양을 따라 돌려야만 뽑을 수 있지요. 와인의 코르크 마개 따는 도구를 생각하면 됩니다. 그냥 위로 들어 올려 따기는 힘들지만, 돌려서 비틀어 따는 것은 쉬우니까요.

`65쪽` 선물 상자 옆면의 둘레, 즉 네 변의 길이는 200센티미터입니다. 그런데 포장을 위해서 주어진 골판지의 길이는 100센티미터입니다. 주어진 골판지로 선물 상자의 둘레를 포장하기란 불가능해 보입니다. 어떻게 해야 할까요?

실마리는 의외로 간단한 생각에서 찾을 수 있습니다. 골판지가 어떻게 생겼는지 살펴보세요. 그림과 같이 골판지를 잘라 선물 상자 옆면을 감싸면 문제를 말끔히 해결할 수 있습니다.

66쪽

이 문제를 풀기 위해 제시된 조건을 먼저 볼까요?

'주어진 시간은 10분이고, 독의 밑 빠진 부분을 메울 수 없다.'

보통은 독에 물을 채우는 방식으로 독에 물을 붓는 것만 생각합니다. 그러나 이것은 밑 빠진 독이라는 조건을 고려할 때 좋은 생각이 아니지요. 그래도 이 조건에서 물을 붓는 방식으로 독을 채우려면 붓는 물의 양이 밑 빠진 독에서 빠져나가는 물의 양보다 많아야 해요. 그렇게 하려면 엄청 힘들겠지요? 그러면 어떤 방식이 있을까요? 생각을 확 바꾸어 볼까요?

'독에 물을 채우는 방식은 독에 물을 붓는 방식과 물에 독을 담그는 방식이 있다.'

이제 이해가 되나요? 밑 빠진 독에 물을 채우는 방식 가운데 독에 물을 채우는 방식이 아니라면 밑 빠진 독을 물에 담그는 방식이 있습니다.

이런 과정을 잘 표현해서 공주에게 조언하면 공주는 쉽게 해답에 이를 거예요. 이제 남은 것은 독을 빠뜨릴 물이 어디 있느냐지요. 다행히 마녀가 바닷가 근처에 살고 있으니 공주는 10분 안에 바닷가에 도착하면 됩니다.

67쪽 답부터 말하자면 이렇습니다.

편의상 두 가지 질문을 다음처럼 정리해 보죠.
❶ 기도하는 중에 과자를 먹는다.
❷ 과자를 먹는 중에 기도를 한다.

신부님께서 중시하는 것은 기도와 기도의 경건함입니다. ❶번의 경우에는 과자가 중시됩니다. 기도는 과자에 비해 비중이 떨어지죠. 그래서 신부님은 ❶번에 대해서는 거부를 합니다. 그러나 ❷번에서는 기도가 중시되지요. 과자는 기도에 비해 비중이 떨어져요. 그래서 신부님은 ❷번에 대해서는 승인을 합니다.

꼬마 스티브 잡스의 목적은 어느 때든 과자를 먹는 거예요. 따라서 꼬마 스티브는 실질적으로 동일한 결과만 가져오면 되었기 때문에 강조점의 순서를 바꾸었지요. 그렇게 했더니 신부님의 요구도 충족시키면서 자신의 목적도 이루었습니다.

이러한 방식은 다른 사람을 설득하거나 주장을 펼칠 때에도 아주 중요합니다. 같은 내용을 어떻게 말하느냐에 따라 듣는 사람의 반응이 달라지기 때문이지요. 꼬마 스티브 잡스와 신부님의 이야기에서처럼 질문의 순서를 어떻게 바꾸느냐에 따라서 주장의 설득력이 달라집니다.

68쪽 베이킹소다는 보통 탄산수소나트륨이라고 불려요. 탄산수소나트륨은 오염 물질을 딱 달라붙게 하는 성질이 있기 때문에 세제 대용으로 쓸 수 있습니다.

처치앤드와이트 사는 베이킹소다를 빵이나 과자를 만드는 데에만 쓰지 않고, 베이킹소다의 세척 능력에 초점을 맞춰 음식물 표면 세척 및 주방 기기 세척, 치아 및 구강 세척에 쓸 수 있는 제품으로 개발했어요. 또한 카펫 냄새 제거, 속 쓰림 완화, 수영장 물 중화 등에도 쓸 수 있는 제품을 만들어 홍보하면서 큰 성과를 얻었답니다.

69쪽 이 문제는 내용을 다시 한번 생각해 볼 필요가 있습니다. 보통은 사람이 넷인 것으로 생각하기 마련이거든요. 그러나 문제와 결과를 연결 지어 다른 관점에서 생각하면 문제에서 요구하는 내용이 뭔지 알 수 있습니다.

사실 이 문제는 할아버지, 아버지, 아들이 함께 고기를 잡으러 간 거예요. 아버지의 아버지는 할아버지이므로 두 명의 아버지가 되고, 할아버지의 아들은 아버지이므로 두 명의 아들이 되거든요. 따라서 세 사람이었기 때문에 각자 물고기를 한 마리씩 가져갈 수 있지요.

77쪽 꼬마 데이비드 카퍼필드는 빈 유리병을 냉장고에 넣어 두었어요. 병을 차갑게 해서 병의 온도를 낮추어 놓은 거랍니다. 그런 다음 병 입구랑 동전에 물을 묻혔어요. 동전을 병 입구에 찰싹 붙이기 위해서예요. 병 속의 공기가 빠져나가지 못하게 하려고요. 이제 마술 부릴 준비가 다 되었어요. 자, 친구를 초대해서 마술을 보여 줄 시간이에요!

꼬마 데이비드 카퍼필드는 친구에게 마술을 보여 주는 일이 긴장된다는 듯이 두 손을 싹싹 비볐어요. 친구는 모르지만 데이비드 카퍼필드의 두 손은 따뜻해졌지요. 따뜻해진 손으로 차가운 병을 감싸자 병 속의 따뜻한 공기가 원래 차 있던 차가운 공기를 밀치고 병의 위쪽으로 올라가려는데 동전이 막고 있어서 동전을 마구 밀어내요. 그래서 동전이 들썩들썩. 이게 바로 춤추는 동전 마술의 비밀이랍니다.

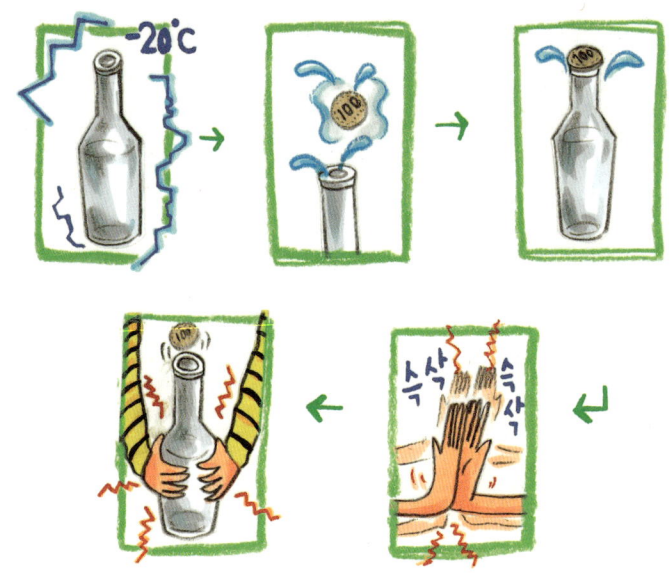

78쪽 오른쪽 그림처럼 연결하면 됩니다.

이 문제는 얼핏 보기에 단순해 보이지만, 막상 해 보면 어려워요. 이 문제를 풀려면 도형 감각이 있어야 합니다. 그리고 이미지 연상 능력이 있어야 하지요. 창의력이 필요한 것은 당연합니다.

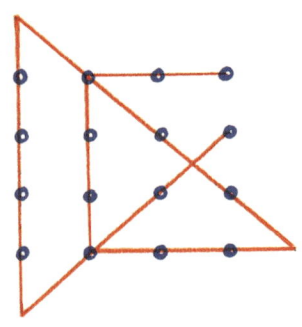

79쪽 네 점을 다음과 같이 연결하면 됩니다.

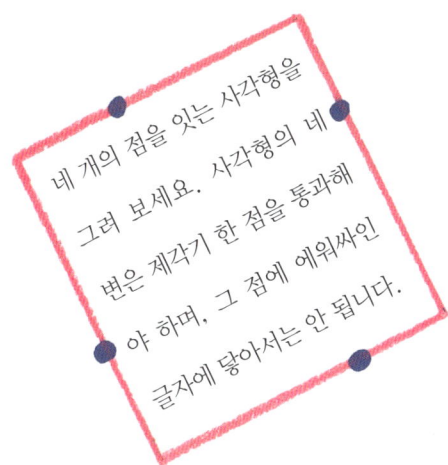

80쪽 재석이는 다음처럼 했습니다.

❶ 7분짜리와 11분짜리 모래시계를 동시에 뒤집어서 시간을 재기 시작합니다. (경과 시간 0분)

❷ 7분이 되면 7분짜리 모래시계를 뒤집습니다. (경과 시간 7분)

❸ 11분이 되면 11분짜리가 아니라 7분짜리 모래시계를 뒤집습니다. (경과 시간 11분, 이때 7분짜리 모래시계에는 4분이 남아 있음)

❹ 7분짜리 모래시계의 모래가 다 내려오면 15분이 됩니다. (경과 시간 15분)

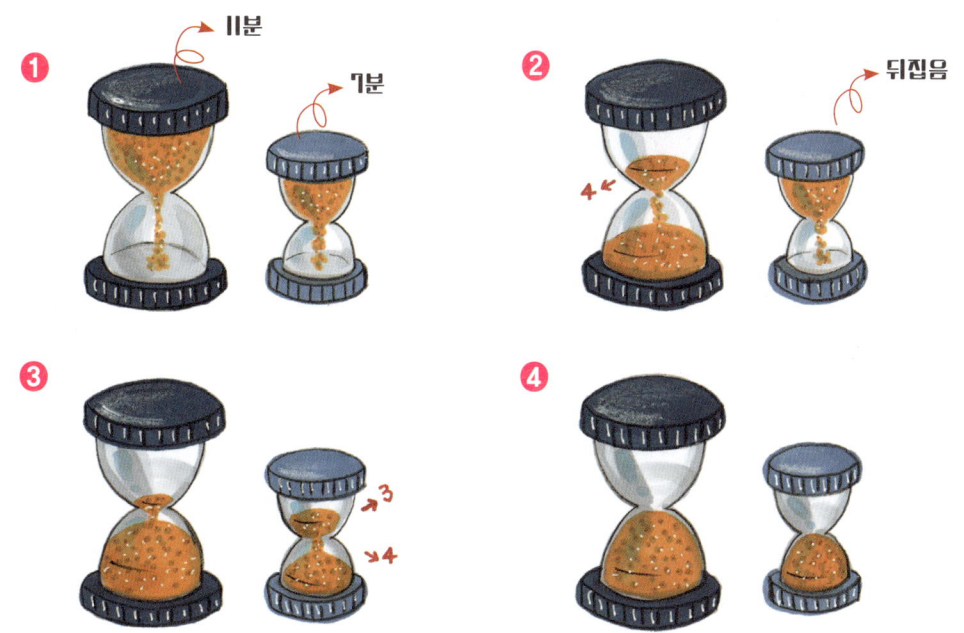

81쪽 답은 네 번입니다.
정사각형의 치즈를 아홉 개의 작은 정사각형 조각으로 나누려면 다음 그림처럼 잘라야 합니다. 따라서 답은 네 번이 되지요.

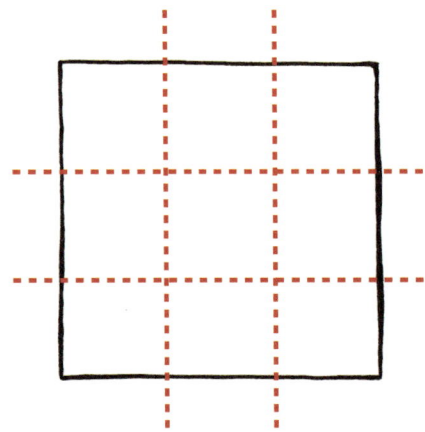

82쪽 답은 ❹번입니다.

83쪽

★107쪽 부록 조각으로 직접 육각형을 만들어 볼 수 있어요.

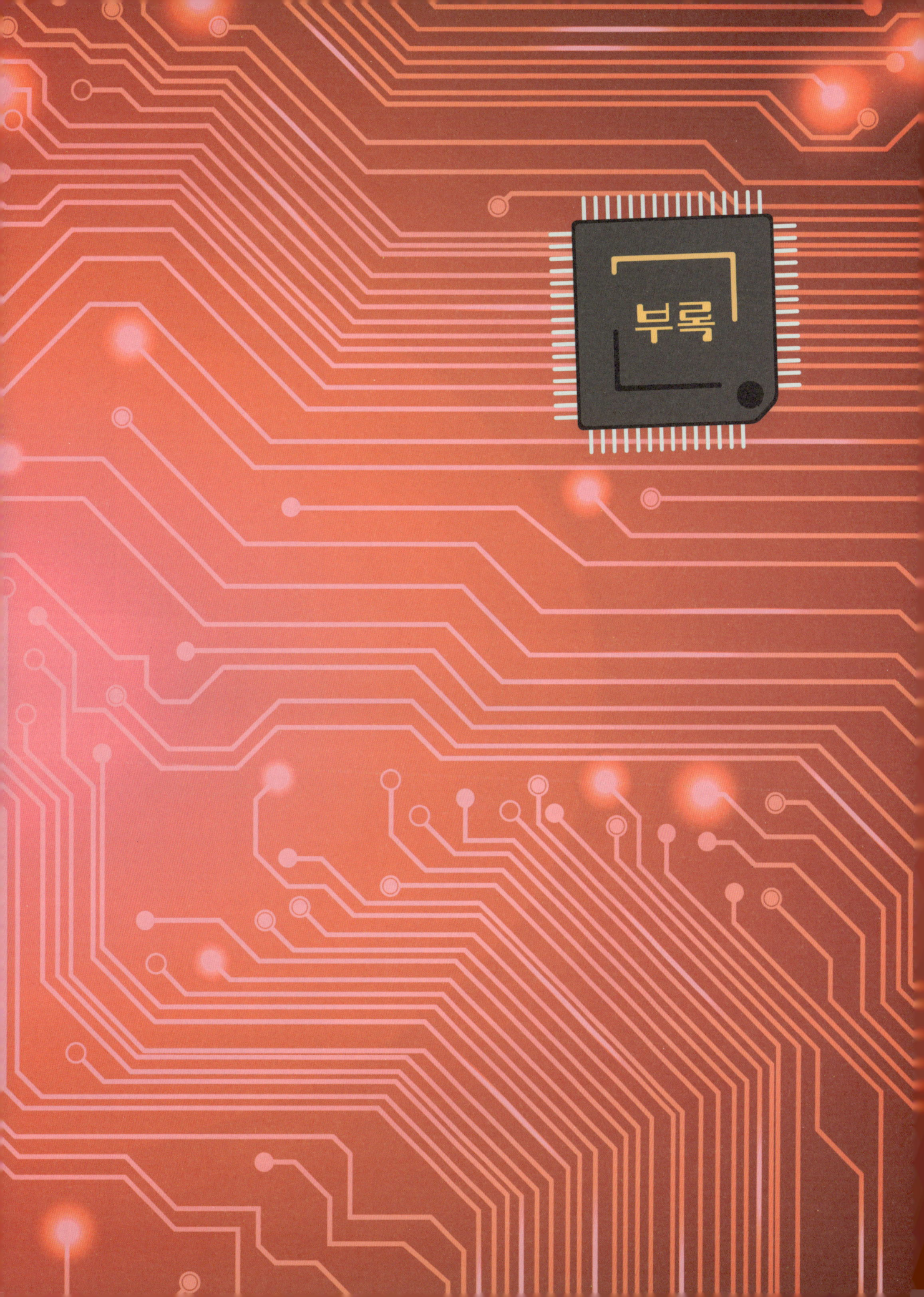

🔍 **27쪽 입체 도형의 전개도를 직접 만들어서 살펴보세요.**

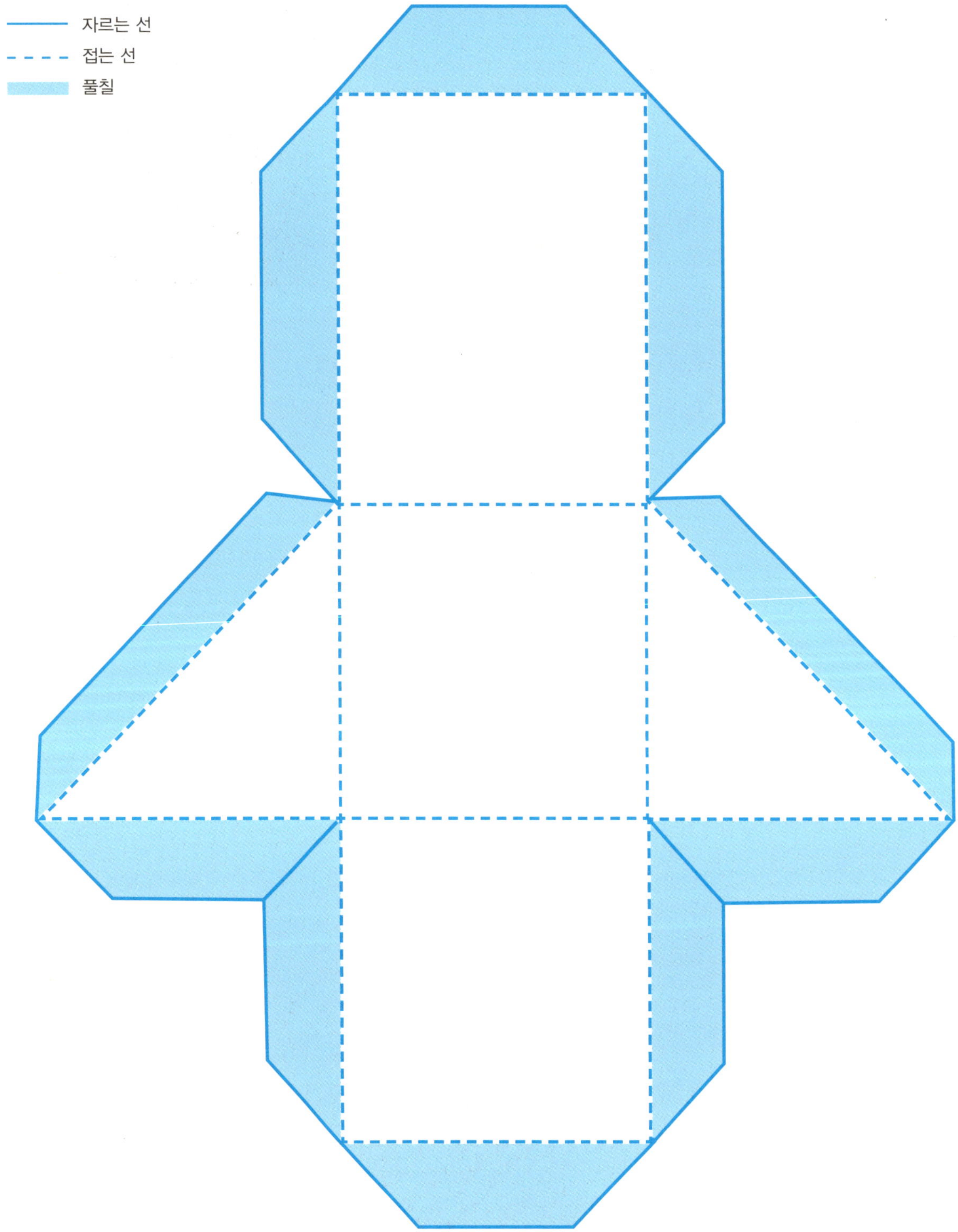

― 자르는 선
--- 접는 선
▨ 풀칠

🔍 41쪽 문제 해결을 위해 아래 종이를 잘라 직접 접어 보자.

――― 자르는 선
----- 접는 선

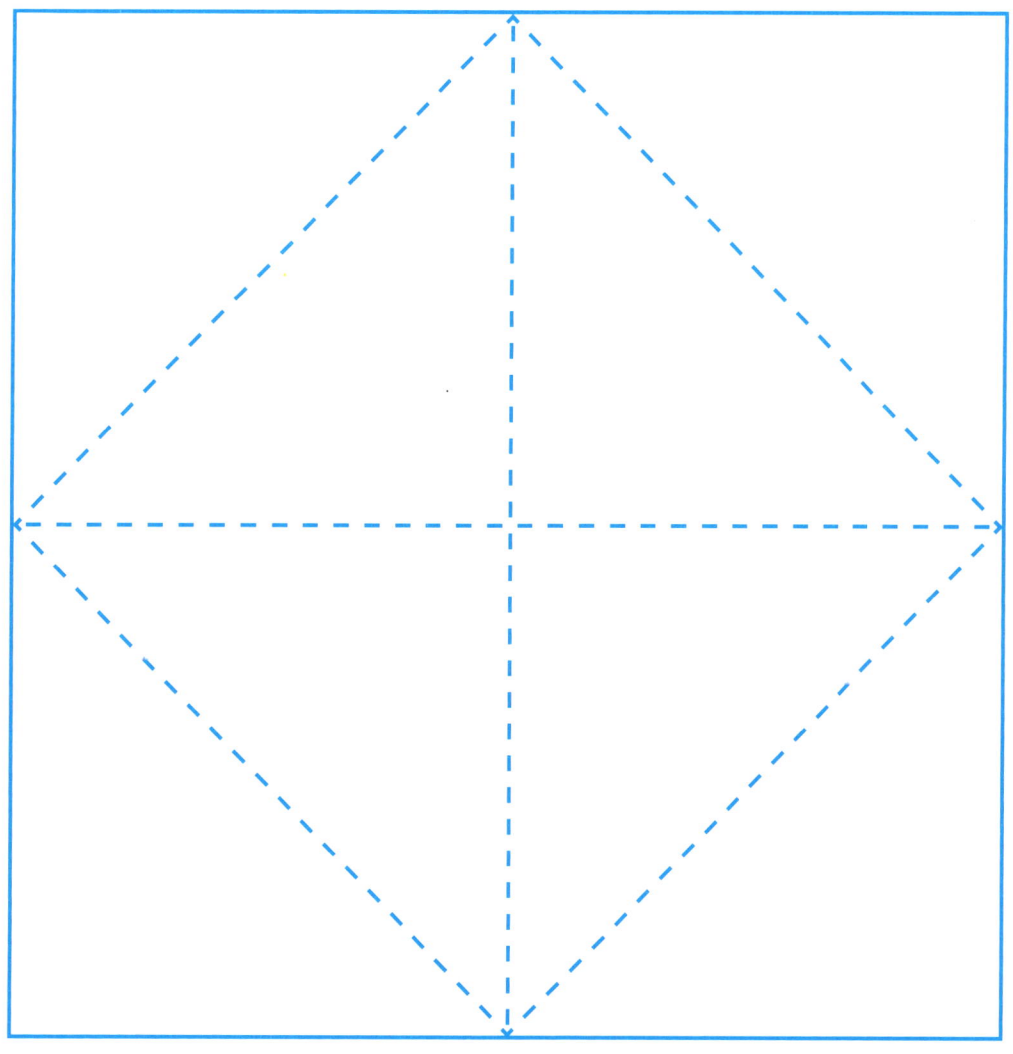

🔍 자동차 카드를 잘라 나열해 보며 55쪽 문제를 풀어 보세요.

———— 자르는 선

🔍 83쪽의 퍼즐 조각으로 직접 정육각형을 만들어 보세요.

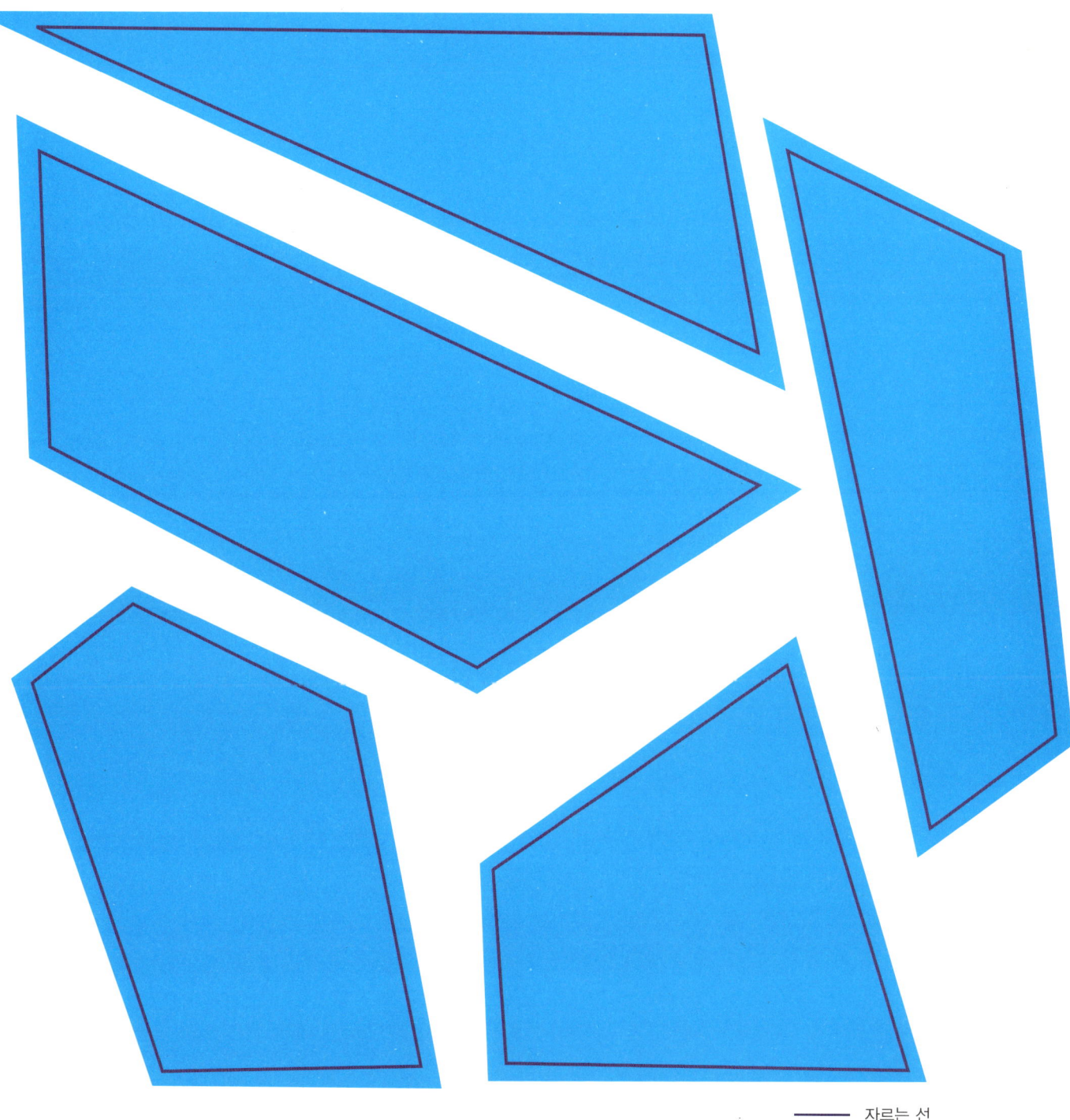

― 자르는 선